Inke Hummel

Deine ANGST, meine ANGST

humboldt

INHALT

Eure Angst bewältigen 66

SO HILFT DIR DIESES BUCH

Du weißt manchmal nicht, wie du deinem Kind richtig helfen kannst, wenn es vor lauter Angst stark reagiert, etwas nicht tun möchte und verzweifelt ist? Und du selbst kennst solche überbordenden Angstgefühle auch sehr gut und sorgst dich, ob deine Angst die deines Kindes womöglich noch verstärken könnte?

In beiden Fällen hilft dir dieser Ratgeber. Ich zeige dir, was Angst eigentlich ist, was sie auslösen kann und wo sie überhaupt herkommt. Du wirst verstehen können, wie du sinnvoll mit Angst umgehst, was dein ängstliches Kind von dir braucht und wie ihr verschiedene spezifische Ängste nach und nach angehen könnt.

Die Tipps zu den einzelnen Ängsten kannst du auch jeweils einzeln nachlesen – je nachdem, was bei euch gerade Thema ist. Mein **„6-Schritte-Plan gegen eure Angst“** (Seite 94/95) wird dich bei all dem unterstützen.

All diese Tipps helfen euch beiden: dir und deinem Kind. Denn Ängste kommen in jedem Alter vor und viele Erwachsene haben den Umgang mit Angst nicht gut gelernt. Zusammen mit deinem Kind hast du die Chance, das nachzuholen.

Folgende Symbole erleichtern dir die Orientierung im Ratgeber:

- Konkrete Tipps für den Alltag mit deinem Kind
- Erklärungen wichtiger Begriffe
- Reflexionsfragen zu deiner eigenen Angst
- Detektivfragen zur Angst deines Kindes
- Buchtipps, um Themen zu vertiefen

So kannst du deine Angst in den Griff bekommen und dein Kind auch wirklich gut begleiten.

Eure ANGST verstehen

DAS MUSST DU ÜBER EURE ANGST WISSEN

Ein guter Umgang mit Gefühlen ist keinem Menschen in die Wiege gelegt. Alle müssen ihn lernen. Bei Gefühlen, die als negativ gelten, wird das gern verhindert. Kinder sollen solche Gefühle lieber unterdrücken: „Du musst keine Angst haben.“ „Hör auf damit, deine Wut herauszubrüllen.“ „Neid ist hässlich.“ Leider schaden solche Ansichten der kindlichen Entwicklung sehr. Gerade Angst kann und soll man nicht wegreden. Sie muss verstanden und bewältigt werden, damit das Leben leicht sein kann.

Vielleicht hast du das als Kind auch so erfahren? Und vielleicht tust du dich jetzt deshalb manchmal schwer mit deiner Angst und auch damit, dein ängstliches Kind gut zu begleiten? Daran kannst du leicht etwas ändern.

In meinen Familienberatungen erlebe ich viele Eltern und Kinder, für die Ängste ein großes Problem darstellen. Wenn es bei dir auch so ist, bist du damit nicht allein. Die Eltern in den Beratungen sind unsicher, wie sie mit ihrem Kind an seiner Angst arbeiten können, denn oft haben sie den Umgang damit selbst nicht gut gelernt. Häufig vermeiden Eltern dann einfach, dass ihr Kind dem Angstauslöser begegnet, doch dieser vermeintliche Schutz lässt das bedrückende Gefühl noch größer werden. Nicht selten besteht die Herausforderung darin, dass auch die Eltern selbst sehr ängstlich sind und sich deshalb schwertun, ihr Kind sinnvoll mit seinen Ängsten zu konfrontieren.

Um der Angst den richtigen Platz in eurem Leben zu geben, ist es zunächst wichtig, dass ihr euch nicht für eure Ängste schämt. Nimm die Angstgefühle deines Kindes und auch deine ernst. Sie sind da. Sie dürfen da sein. Angst ist nichts Peinliches, über das ihr schweigen müsst. Aus dieser Ecke müssen wir Angst auch gesellschaftlich endlich herausholen. Sie gehört zum Leben dazu, und ein guter Umgang mit Angst muss genauso erlernt werden wie ein guter Umgang mit Geld, der eigenen Gesundheit oder anderen Selbstverständlichkeiten. Wenn du das zu Hause angehst, kann das Leben für dich und dein Kind leichter werden.

Eure Angst hat ganz schön viel Macht

Gesellschaftlich tut sich noch eine andere Problematik auf: *„Du Angsthase!“ „Stell dich nicht so an.“ „Das ist aber jetzt wirklich ein Getue!“* – Wir sind schnell dabei, ängstlichen Menschen, gerade Kindern, zu unterstellen, sie hätten eine Wahl. Aber sie können die Angst nicht einfach sein lassen. Niemand kann das mit einem Fingerschnipsen. Du weißt das sicher sehr gut: Die Angst kommt und macht sich breit, wie sie will. Ein einfaches *„Ich hab jetzt keine Angst!“* in deinem Kopf hat gar keine Wirkung. Auch in Kinderbüchern wird das oft viel zu simpel dargestellt. Ein neuer, guter Umgang mit Angst braucht Zeit und clevere Strategien. Und Eltern wie dich, die sich trauen, das anzugehen.

Zu schnell werden gerade Kinder für ihre Gefühle beschämt. Doch niemand kann sich seine Gefühle aussuchen. Nur den Umgang mit ihnen können alle Menschen lernen und verändern, am besten schon im Kindesalter. Dein Kind kann jetzt von dir gut begleitet Entscheidendes lernen.

Sowohl deinem Kind als auch dir tut es nicht gut, die Angst einfach wegzuschieben. Und meist geht das auch gar nicht wirklich, denn die Emotion Angst ist so intensiv:

- **Im Körper:** Körperliche Reaktionen bei Angst kennst du sicher auch. Du zitterst vielleicht, atmest hektischer, spürst eine Unruhe in den Händen oder Beinen, reißt aufmerksam die Augen auf, bekommst möglicherweise Bauchschmerzen oder den Eindruck, dein Hals würde zuschwellen.
- **Im Kopf:** Die Angst kann alles andere beiseiteschieben. Sie ist unglaublich einnehmend und gibt dir das Gefühl, klein und hilflos zu sein.
- **Im Verhalten:** Du handelst aus Angst oft impulsiv und unüberlegt.

Ja, Angst bedeutet erst einmal eine starke Unsicherheit und Ohnmacht. Sie ist bei dir und bei deinem Kind im Körper zu spüren, bohrt sich in eure Gedanken und bestimmt damit schlussendlich euer Verhalten. Dieser Ablauf kann ein Ritual werden, das schwer zu durchbrechen ist.

Manchmal schleicht die Angst sich sogar in die Träume: Albträume sind bei Stress keine Seltenheit. Dein Kind wird sich gut erinnern, vielleicht nicht an jedes Geschehen, aber doch an die begleitenden Gefühle. Sein Kopf verarbeitet so Stress und Ängste. Das ist nicht schön, aber erstmal kein Drama, es sei denn, die Albträume bleiben über Monate. Dann wäre das ein Thema für ärztliche und therapeutische Hilfe.

Kennst du das auch? Du steckst bei Angst in einer gewohnten Ohnmacht fest: *„Ich kann nichts tun. Die Angst hat alle Macht. Ich schaffe das nicht.“* Deinem Kind kann es genauso gehen. Darum ist der typische Satz *„Du musst doch wirklich keine Angst haben“* so unsinnig, denn erstmal hat niemand eine Wahl. **Nimm dich und dein Kind in dem Gefühl ernst! Angst taucht auf, so wie sie will. Wir haben alle keine Wahl, was wir fühlen.**

Aber weder du noch dein Kind müsst euch der Angst ohnmächtig ausliefern. **Ihr dürft die Angst anpacken und aufhören, ihr Opfer zu sein.** Ihr könnt Gewohnheiten verändern und nachhaltige Regulation der Gefühle üben, also die Angst in den Griff bekommen. Ihr habt eine Wahl, wie ihr mit den Gefühlen umgeht, wenn ihr das gut gelernt habt.

> **Regulation**
> Der Begriff „Regulation" wird dir an verschiedenen Stellen im Buch begegnen, aber ist dir vielleicht noch nicht so geläufig. Regulation in Bezug auf Angst meint bewusste Steuerung und Bewältigung der herausfordernden Gefühle. Damit Regulation sinnvoll ist, braucht sie folgenden Ablauf:
> - Angst erkennen
> - sich beruhigen
> - bewusst und gezielt sinnvoll handeln
>
> Kinder benötigen dafür anfangs elterliche Hilfe und sollen nach und nach (etwa im Grundschulalter) dahin kommen, dass sie die Regulation allein schaffen.

Angstgefühle und auch -gedanken sind normal. Aber deren Bewertung und die Reaktionen darauf dürfen nicht ausufern und das Leben einschränken, sodass du beispielsweise das Haus nicht mehr verlassen magst oder dein Kind bei jeder Begegnung mit einem Hund kaum noch Luft bekommt. Ihr könnt lernen, mit Angst bewältigungsstark umzugehen. Das bedeutet, das Gefühl wird wirklich angegangen und verarbeitet, nicht einfach weggeschoben. Dein Kind kann lernen, Angst sinnvoll und selbstständig anzupacken. **Das braucht Sicherheit, Berechenbarkeit und Aktivität.**

Sicherheit und Berechenbarkeit oder auch Zuverlässigkeit sowie Aktivität sind hier ganz wichtige Begriffe. Sie stehen eurer Angst gegenüber und beschreiben, was dein Kind von dir braucht, um bindungssicher und bewältigungsstark groß werden zu können:

- Erlebt dein Kind dich als sichernden, zuverlässigen Elternteil, kann Bindungssicherheit entstehen. Bindungssicherheit und Urvertrauen stärken dein Kind so sehr, dass es sich mit größter Wahrscheinlichkeit geistig, emotional und sozial gesund entwickelt.
- Bindungssicherheit und Urvertrauen entstehen auch, wenn du ein sensibles Gespür dafür hast, wann dein Kind Nähe und Begleitung

benötigt und wann du es loslassen und anstupsen solltest, damit es allein Entwicklungsschritte meistern kann.

- Ein zugewandtes, feinfühliges Elternhaus und Bindungssicherheit können nicht verhindern, dass große Ängste entstehen. Aber du bietest deinem Kind so den besten Rahmen dafür, dass seine Ängste kleiner werden.

Mit diesem Buch wirst du lernen, wie du dein Kind im Umgang mit seiner Angst bindungssichernd und bewältigungsstark begleiten kannst. Dazu gehört, dass du mit deiner eigenen Angst neu umzugehen lernst, aber auch, dass du dein Kind wirklich nachhaltig dabei begleitest, irgendwann selbstständig mit seiner Angst zurechtzukommen. Denn du wirst nicht immer da sein, wenn es Angst hat. Es muss sich irgendwann selbst helfen können.

Du kannst den ersten Schritt in eine neue, aktivere Richtung machen, indem du anders über dein Kind sprichst: Statt *„Mein Kind hat Angst“*, formuliere, was es braucht:

- *„Mein Kind braucht Sicherheit.“*
- *„Mein Kind braucht Ideen.“*
- *„Mein Kind braucht Unterstützung.“*
- *„Mein Kind braucht Beruhigungshilfe.“*
- *„Mein Kind braucht ein Machtgefühl.“*

Dieser Blickwechsel hilft den Familien in meiner Beratung oft schon sehr.

Eure Angst kann euch aktiv oder passiv machen

Alle Gefühle – von Freude bis Traurigkeit – lösen in jedem Menschen etwas aus: nämlich ein Handeln oder ein Nichthandeln. Aktivität oder Passivität. Auch bei Angst ist das so. Jeder und jede geht irgendwie mit ihr um, aber nicht unbedingt bewältigungsstark und sinnvoll.

Und was ist mit deiner Angst?
Schau mal auf dich: Vielleicht kommst du schnell aus der Ohnmacht heraus und handelst, sobald du Angst spürst. Dann wirst du aktiv, schreist auf, läufst weg, flüchtest, bringst dich in Sicherheit oder schaffst es sogar, anzugreifen und den Angstauslöser zu bezwingen. Manche dieser Handlungen sind erst einmal hilfreich, denn du fühlst dich dann besser. Andere helfen aber nur in dem Moment und eher nicht besonders nachhaltig. Denn wenn der Angstauslöser wieder auftaucht und dich erneut in ein Ohnmachtsgefühl und zu starken körperlichen Reaktionen bringt, bleibst du der Angst unterlegen. Sie kann dich immer wieder übermannen.

Dann warst du zwar aktiv, aber hast nicht nachhaltig sinnvoll gehandelt; zum Beispiel, wenn du einfach weggelaufen bist. Im Hinblick auf Regulation fehlten dann die Beruhigung und das gezielte, sinnvolle Handeln. Du bist nur davongerannt. Du hast dich nicht frei entschieden, die Angst zu bewältigen. Das Angstgefühl bestimmt immer noch über dich.

Vielleicht handelst du oft auch gar nicht, wenn sich ein Angstgefühl breitmacht, sondern erstarrst und lässt die Ohnmacht so richtig zu. Solch eine Passivität kann sich dann ausweiten. Beispielsweise bleibst du mit großer Angst vor Hunden dann nicht nur nervös stehen, wenn in der Ferne ein Dobermann zu sehen ist, sondern vermeidest zukünftig sogar jeglichen Fußweg durch den Park mit der Hundewiese. Dein Leben kann sich durch solch eine Vermeidungshaltung nachhaltig verändern. Möglicherweise würdest du wichtige Bedürfnisse unterdrücken, um der Angst auszuweichen: deine Freundin nicht mehr besuchen, weil sie an der Hundewiese wohnt, oder nicht zur Toilette gehen, wenn du eigentlich musst, weil ein Hund im Restaurant vor der Tür sitzt. Du könntest nicht mehr frei entscheiden – das macht die Angst für dich. Regulation findet gar nicht richtig statt.

Wie nimmst du dich wahr, wenn die Angst in dir aufkommt?

Kannst du mit Angst sinnvoll umgehen?

Wirst du gut aktiv?

Kannst du dich regulieren?

Bewältigst du die Angstmomente wirklich?

Es ist wichtig, dass wir Angstgefühle nicht kleinreden oder ignorieren. In unserer Gesellschaft geht es aber Kindern wie Erwachsenen so, dass sie schnell als „Angsthasen“ verlacht und nicht für voll genommen werden. Wer Schwächen zeigt, bekommt weniger Platz im Leben. Folgendem Gesprächsverlauf begegnen wir deshalb leider allzu oft: *„Du hast Angst?“ „Du bist krank?“ „Du hast Depressionen?“ – „Stell dich doch bitte einfach nicht so an. Das stört uns!“*

Wenn jedoch jeder und jede so über seine oder ihre Ängste sprechen würde, wie über das, was ihn oder sie erfreut, wären wir im Umgang mit diesem Gefühl schon sehr viel weiter. Leider kann es zurzeit aber noch leicht passieren, dass auch du als erwachsene Person noch Lernbedarf hast und dich mit deinen Ängsten hier und da falsch und nicht gesehen fühlst. Das ist nicht einfach deine Schuld. Denn vielfach fehlen Rituale und ein starker Umgang mit Angst. Möglicherweise konntest du ihn daher bislang nicht gut lernen.

Viele Erwachsene haben hier noch einen ähnlichen Lernbedarf wie ihr Kind. Sie schauen sich ihre Angst nicht an und üben keinen sinnvollen Umgang mit dem Gefühl, sondern versuchen, irgendwie zurechtzukommen. Oft eher schlecht als recht. Sollte das bei dir auch so sein, schäme dich nicht dafür. Angst ist mächtig. Niemand kann sie sofort ganz locker händeln. Aber du darfst sie näher kennenlernen und sie schwächer werden lassen. Dafür sind in diesem Ratgeber besonders die Reflexionsfragen mit dem Spiegelsymbol gedacht.

Du hast mit diesem Buch die Chance, gemeinsam mit deinem ängstlichen Kind ein neues Kapitel aufzuschlagen, sogar, wenn nicht nur dein Kind ängstlich ist, sondern auch du Angst stark spürst: **Lasst die Angst in eurem Leben zu einer Begleiterin werden, aber nicht mehr zur Bestimmerin.** Egal, welche Art von Angst dich oder dein Kind umtreibt.

Eure Angst ist gut und schlecht

Ja, du hast richtig gelesen: Eure Angst soll nicht gänzlich aus eurem Leben verschwinden. Das wäre kein gutes Versprechen und kein kluges Ziel. *„Ich will, dass sie weggeht“* ist ein verständlicher Wunsch, aber ohne Angst geht es nicht. Stell dir einen Menschen vor, der ohne jedes Angstgefühl an Steilwänden klettern, Straßen überqueren, Kreditverträge unterzeichnen oder sich anderen Menschen anvertrauen würde. Ja, diese Person hätte es vielleicht zunächst mal sehr leicht, aber sie würde auch sehr gefährlich leben. Manchmal sind kleine Kinder genauso, nämlich nahezu angstfrei. Sie trauen sich auf die hohe Rutsche und in das tiefe Wasser, aber sie sind wahrscheinlich auch unaufmerksamer und gefährdeter als andere.

Darum sind sowohl die Angst deines Kindes als auch deine eigentlich willkommen. Fremdes, Neues, Ungewohntes und Riskantes solltet ihr natürlich aufmerksam beobachten, bevor ihr handelt. Angst gehört zum Leben dazu. Sie kann euch wachsam machen und vor Gefahren schützen. **Es kommt darauf an, wie groß du und dein Kind sie werden lasst, wie gut ihr sie verstehen lernt und wie stark ihr mit der Angst umgehen könnt.**

Wenn ihr besonders ängstliche Menschen seid, fühlt euch damit nicht verkehrt. Fast jede Eigenschaft hat auch ihre guten Seiten. Ich möchte das nochmal betonen: Angst ist überlebenswichtig. Sensibilität im Umgang mit der Welt ist hilfreich und sinnvoll. Das darfst du auch zu deinem Kind sagen. Das ist das Gute an der Angst.

Das Gute an der Angst
Wenn du mit deinem Kind über Angst sprichst, sprecht auch darüber, wann sie gut ist. Wann warnt sie, wann schützt sie, wann macht sie euch auf gute Art vorsichtig und abwartend? So wird dein Kind Angst nicht gänzlich ablehnen, sondern kann verstehen, dass sie in gesundem Maße hilfreich ist.

Angst kann sogar Spaß machen, besonders wenn man sie gemeinsam und sicher erlebt: Gruselgeschichten, Abenteuer im Wald, Spannung in Detektivstorys, Nervenkitzel beim Karussellfahren. Überleg mit deinem Kind, welche aufregende Dinge es ausprobieren möchte, und wagt es gemeinsam. Selbst wenn dann seine Angst in anderen Situationen, zum Beispiel vor Hunden oder vor Arztbesuchen, immer noch da ist, kann es sich in solchen Momenten schon mal als mutig und beharrlich erleben.

Das Schlechte an der Angst ist, dass sie zu groß werden kann. Größer und mächtiger als du oder dein Kind. Dass die Vorsicht euch einschränkt, das Übertreiben euch belastet. **Angst ist dann schlecht, wenn sie das Leben bestimmt.**

Doch du und dein Kind könnt Experten und Expertinnen für Angstgefühle werden. Denn Angst kann man auch als Superkraft sehen: Ängstliche Menschen, die ihre Angst kennen und sinnvoll mit ihr umgehen können, sind vorsichtig, vorausschauend, oft gut vorbereitet und eher gut geschützt. Sie sind aktiv und fühlen sich selbstbestimmt und selbstwirksam.

Und was ist mit deiner Angst?
Indem ihr das Thema gemeinsam angeht und bewältigt, kann auch bei euch zu Hause Angst zu einer Superkraft werden. Und die Zeit, in der ihr sie anschaut, bearbeitet und den Umgang mit ihr verbessert, kann eure Nähe stärken und eure Bindung sichern. Das gilt besonders, wenn deine Angst als Elternteil kein zusätzlicher Belastungsfaktor für dein ohnehin ängstliches Kind wird.

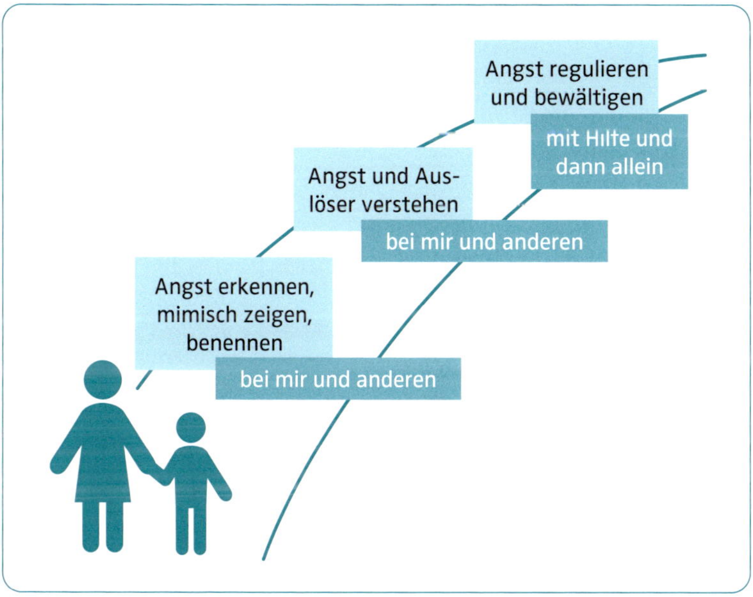

Das ist der Weg, der vor euch liegt, wenn du und dein Kind einen sinnvollen Umgang mit der Angst erreichen möchtet: Ihr müsst die Angst erkennen und benennen, ihre Auslöser verstehen und sie am Ende gemeinsam bewältigen.

Denk dran: Macht Angst zur Begleiterin, nicht zur Bestimmerin. Ich nehme euch mit auf einen guten Weg im Umgang mit der Angst.

Angst und Geschlecht

Interessant ist für dich vielleicht noch, wie sich Ängste auf die Geschlechter verteilen. Mädchen und Frauen haben etwas häufiger mit Ängsten zu kämpfen als Jungen und Männer. Man kann davon ausgehen, dass in vielen Gesellschaften häufig Erfahrungen mitursächlich dafür sind, bei denen sie sich hilflos und unsicher gefühlt haben. Aber auch von Geburt an ist die Ausgangslage für weibliche Personen schlechter, beispielsweise durch weniger angriffslustig und kämpferisch stimmendes Testosteron im Körper.

Im sozialen Bereich, also bei Ängsten rund um Kommunikation und Interaktion mit anderen Menschen oder in Bezug auf die Bewertungen durch sie, ist kaum ein Unterschied zwischen den **Geschlechtern** festzustellen. Das kommt bei allen Personen gleich oft vor. Angst ist geschlechtsneutral und kann jeden betreffen!

Solltest du oder dein Kind hier bestimmten Klischees begegnen, wehrt euch dagegen.

Eure Angst entsteht im Kopf

Nun kennst du schon einige Fakten zu eurer Angst, aber ich gebe dir noch einige weitere an die Hand. Denn Wissen ist der erste Schritt, damit ihr euch trotz Angst wieder mächtig fühlen könnt: *„Ich kenne mich aus!"*

Weißt du, wie Angst überhaupt entsteht und was der Unterschied zwischen Ängstlichkeit, Angst und einer Angststörung ist?

Gesunde Ängstlichkeit

Bei allen Menschen wird im Kopf bewertet, ob eine Situation bedrohlich ist. Auch ihr macht das so. Ohne dass du viel nachdenken musst, bringt dich dein Gehirn beispielsweise bei einem Brand dazu, wegzulaufen oder den Feuerlöscher zu holen. Auch dein Kind würde sicher wegrennen. Solche prompten Reaktionen sind unter derartigen Umständen lebenswichtig.

Übermäßige Angst

Wenn jemand aber zum Beispiel schlechte Erfahrungen gemacht hat und immer sehr auf der Hut ist, kann sein Kopf übertrieben heftig reagieren: Dann zeigt sich Angst möglicherweise schon bei einem kleinen Qualm vehement, nicht erst bei einem Feuer, bei jeder Menschenmenge, nicht nur bei einer aggressiven, oder beim netten Hund der Nachbarin, der niemals beißen würde. Die Emotion Angst wird dann nicht sinnvoll gesteuert. Das Gehirn reagiert übertrieben.

Wenn Letzteres bei dir und deinem Kind der Fall ist, ist das Buch genau das Richtige für euch.

Bei der Entstehung von Angst wirkt vieles mit, vor allem auch die **Gedanken**. Das ist einerseits gut, denn je älter und reifer wir werden, desto besser lässt sich mit dem Kopf gegen Angst anarbeiten: *„Ich bin nur im Keller. Hier ist niemand. Ich bin sicher. Die Situation ist berechenbar."* Aber andererseits ist auch gerade das oft das Problem, denn erst ein Kind mit ausgereifterem Denken kann sich ausmalen, dass da jemand im Keller sein könnte, und erinnert sich vielleicht an den Einbruch im Keller der Nachbarn. So können auch in deinem Kind Gedankenschleifen starten, die kaum zu unterbrechen sind. Und damit schränken sie das Leben ein. Aber: An eurem Denken könnt ihr arbeiten, Befürchtungen könnt ihr kleiner werden lassen. Weder du noch dein Kind seid den Gedanken einfach ausgeliefert.

Durch die Beteiligung des Denkens kann nicht nur etwas von außen, wie ein Brand oder ein gefährlicher Hund, akute Angst auslösen. Euer Denken kann auch die sogenannte *Erwartungsangst* verursachen, die euch schon Angstsymptome macht, bevor etwas überhaupt passiert ist (und vielleicht nie geschehen wird). Allein eure Vorstellungskraft reicht dafür aus. Das ist die **Angst vor der Angst**, und sie ist besonders schwierig. Denn Angst braucht einen ruhigen und klugen Kopf! Besonders mit Erwartungsangst müsst ihr euch also intensiv beschäftigen, sonst bleiben die Gedanken und Gefühle groß und mächtig.

Ungesunde Angststörung

Dass ihr Ängstlichkeit im Leben braucht, hast du schon gesehen, und dass übermäßige Angst Bearbeitung braucht, aber auch gut zu Hause bearbeitet werden kann, auch. Doch manchmal weitet Angst sich so weit aus, dass sie einen Krankheitswert bekommt. Dann liegt eine Angststörung vor, die in ärztliche Hände gehört. Du erkennst das daran, dass du deine Angst gar nicht mehr alleine händeln kannst – oder dein Kind die seine. Euer Leben ist dann extrem belastet und der Alltag eingeschränkt. Möglicherweise werden die Bereiche, in denen die Angst zu spüren ist und dich oder dein Kind beeinträchtigt, auch immer umfassender. Dann ist externe Hilfe notwendig.

Mehr dazu erfährst du in verschiedenen Passagen des Buches und besonders im Kapitel „Nicht geplanter, nicht sinnvoller Umgang mit Angst" ab Seite 58.

Eure Angst wächst mit der Zeit

Wie zeigt sich Angst nun konkret bei Kindern? Und wie ist dieses Gefühl wohl bislang bei deinem Kind abgelaufen?

Zum allerersten Mal „baden" Säuglinge bei der Geburt im Angstgefühl: Der Wechsel aus dem geschützten Bauch in die Welt außerhalb des Mutterleibs sorgt für Stress und Unwohlsein vergleichbar mit anderen Ängsten. Konntest du dich (oder jemand anders sich) damals fürsorglich um dein Kind kümmern, konnte dieses Gefühl aber rasch eingedämmt werden. Du oder eine andere Bezugsperson hat deinem Kind so erstmals bei der Regulation geholfen.

Erste intensive Angst können Babys dann nach den ersten Lebenswochen empfinden. Besonders unerwartete, ungewohnte Reize lösen sie aus. Erinnerst du dich an solche Momente mit deinem Kind? Das können plötzliche Lautstärke oder ungewohnte Gesichter gewesen sein. Auch das Gefühl, allein oder in Gefahr zu sein, wenn sich Hunger oder Müdigkeit melden, kann dein Kind damals geängstigt haben. Dahinter steckte immer das Gefühl *„Ich bin nicht sicher!"*

Die erste länger anhaltende, aber normale Angst ist dann das „**Fremdeln**" etwa im Alter von 4 bis 8 Monaten. Jedes Baby kennt seine liebste Bezugsperson dann bewusst und merkt vor allem, wenn sie nicht da ist oder eine fremde Person Kontakt zu ihm aufnehmen will. Vielleicht war das bei deinem Kind kaum zu merken, vielleicht auch sehr intensiv. Fremdeln ist von Kind zu Kind unterschiedlich stark ausgeprägt. Dazu erfährst du mehr im Kapitel „Angst vor Trennungen" ab Seite 119.

Je älter dein Kind wird, desto mehr Bereiche können hinzukommen, in denen es sich ängstlich zeigen kann: Angst um die körperliche Unversehrtheit, Angst vor unangenehmen Gefühlen, Angst vor Ungewohntem, Angst vor Unverständlichem, Angst vor Strafe, Angst vor fehlender Autonomie – die Angstfelder werden vielfältiger. Denn sein Kopf kennt mehr und seine Lebenswelt wird größer. Sicher kennst du das von deinem Kind, da du dich für dieses Buch entschieden hast.

Eure Angst braucht Begleitung

Du hast schon erfahren, dass Angst gut und sinnvoll sein kann, um aufmerksam durchs Leben zu kommen. Eigentlich ist der Mensch dazu imstande, aufkeimende Angstgefühle genauso rasch wieder abzubauen, wie sie entstanden sind: erkennen, sich beruhigen, sinnvoll handeln. Doch kleine Kinder brauchen dafür noch elterliche Unterstützung, unabhängig davon, wie ängstlich sie sind und welche Erfahrungen sie schon gemacht haben. Viele Gefühle sind im Vorschulalter gut allein regulierbar, aber bei Angst dauert das oft etwas länger. Und bei Kindern, denen eine hohe Ängstlichkeit angeboren ist, dauert das nochmal länger.

Die Angst deines Kindes braucht also auch in eurer Familie einen guten Rahmen, damit dein Kind in den selbstständigen Umgang damit kommen kann. Diesen Rahmen kannst du als kluge, hilfreiche Begleitung bieten. Dann kann Angst gute Dienste leisten: Sie warnt, lässt schnell reagieren, aber schränkt nicht ein.

Selbstregulation

Auf diesem Weg nimmt mein Buch dich oder euch an die Hand. Du erkennst, beruhigst und begleitest:

- **Im Kleinkindalter** zeigt dein Kind dir seine Hilfsbedürftigkeit und du musst aktiv werden. Es braucht Fremdregulation.
- **Im Vorschulalter** zeigt es dir seine Not immer noch und sucht deine Unterstützung, aber du solltest es mehr und mehr anleiten, wie es sich selbst helfen kann. Du hilfst ihm auf dem Weg zur Selbstregulation.
- **Ab dem Grundschulalter** sollte dein Kind die meisten Angstmomente schließlich akut allein bewältigen können – nachher bist du natürlich trotzdem noch gefragt, um Trost zu spenden und neue Ideen mit ihm gemeinsam zu entwickeln.

Eure Angst ist individuell

Wo genau kommt die übermäßige Angst bei deinem Kind nun aber eigentlich her? Und woher bei dir? Warum haben nicht alle Menschen ein großes Problem damit?

Wie ängstlich ein Mensch ist, hängt von verschiedenen Faktoren ab. Ganz sicher ist das auch bei euch so. Einige können angeboren sein, andere haben mit Erfahrungen zu tun, die ihr gemacht habt.

Wichtig ist, dass du dir nicht sofort unterstellen lässt, die Ängste deines Kindes hätten ganz sicher damit zu tun, wie du mit ihm umgehst oder dass es schreckliche Erlebnisse gehabt haben muss. Genau wie bei dir und deiner Angst werden vermutlich verschiedene Ursachen zusammenspielen. Es ist gut, genauer hinzuschauen, welche die Gründe sein könnten, um die Angst bei deinem Kind richtig gut kennenzulernen. Und auch auf dich darfst du in diesem Kapitel schauen, wenn du selbst mit Ängsten kämpfst. Wo kommt das her?

Angeborene Ängstlichkeit

Von allen ängstlich geborenen Babys ist etwa ein Drittel auch mit 2 Jahren noch ängstlich und mit 4 Jahren zumeist auch weiterhin sehr zurückhaltend. Ist dein Kind schon von Geburt an sehr zurückhaltend, schüchtern und schreckhaft und hält das im Kleinkindalter an, ist es also relativ wahrscheinlich, dass es mit einer ängstlichen Grundstimmung geboren wurde.

Angstsensitiv

Menschen mit angeborener Ängstlichkeit werden auch „angstsensitiv" genannt. Ängste haben bei ihnen ein leichtes Spiel. Ihr Gehirn bewertet Reize tendenziell gefährlicher, als es notwendig wäre. Möglicherweise ist dein Kind dann so sensibel und rasch gestresst, dass normale Alltagselemente, wie Geräusche oder bestimmte Texturen, Konsistenzen oder Oberflächen, es übermäßig erschrecken und in seinem Tun ausbremsen. Und vielleicht bist auch du schon so zur Welt gekommen.

Andere Kinder kommen eher mit einem cooleren, analytischen Wesen zur Welt. Für sie ist der Umgang mit Angst in der Regel einfacher, da sie sehr mutig, optimistisch und planvoll in die Welt gehen können.

Denkst du, dein Kind kam schon mit einem ängstlichen Wesen, also angstsensitiv, zur Welt?

Hast du es als Baby und junges Kleinkind bereits sehr angstvoll erlebt?

Und wie angstsensitiv warst du schon in deinen ersten Lebensjahren?

Angeborene Ängstlichkeit ist erstmal nichts Schlimmes. Das hast du schon gesehen, als ich dir den Unterschied zwischen *Ängstlichkeit*, *Angst* und *Angststörung* erklärt habe (ab Seite 22). Die Skala der möglichen Naturelle ist ganz breit: von ängstlich und eher passiv bis mutig und erkundungsfreudig kann alles dabei sein und nichts davon ist „gestört". Es wäre wünschenswert, dass unsere Gesellschaft die Buntheit der menschlichen Wesensarten mehr anerkennen würde. Zu oft wird alles Herausfordernde weggedrückt und betroffene Personen sollen sich ändern.

Aber natürlich kann die angeborene Ängstlichkeit zum Problem werden:

- wenn dein Kind manchmal extrem ängstlich reagiert, durch Angstauslöser vielleicht panisch wird und nicht ansprechbar ist,
- wenn es sehr lange braucht, um sich bei Angst zu beruhigen,
- wenn es auch mit 5 Jahren oder später nicht allein Ideen zum Umgang mit seinen Ängsten finden kann,
- wenn es so vorsichtig ist, dass es sich nicht traut, viele für seine Entwicklungen wichtige Erfahrungen zu machen (zum Beispiel im Bereich Bewegung oder bei Sinneserfahrungen; dazu gehören unter anderem Balancieren, Bauen, Kneten, das Ausprobieren verschiedener Nahrungsmittel)
- oder wenn es anfängt, Dinge aus Angst nicht mehr zu tun, obwohl es sie eigentlich gern machen würde.

Dann hat sich sein angeborenes Wesensmerkmal problematisch entwickelt und braucht extra Unterstützung. Wahrscheinlich seid ihr gerade an diesem Punkt und habt deshalb diesen Ratgeber gefunden. Durch gute, hilfreiche Erfahrungen und Strategien kann solch eine Empfindlichkeit eingefangen werden. Und oft reicht elterliche Hilfe aus, sodass ihr keinen weiteren (therapeutischen) Expertenrat benötigt.

Erworbene Ängstlichkeit

Angstmachende Erfahrungen können sowohl ängstlich geborene Kinder als auch eigentlich mutige Charaktere negativ beeinflussen: *„Mir ist etwas passiert und ich hatte keine Hilfe.“* – Ein solches Gefühl kann sich erst einmal festsetzen.

Vielleicht ist deinem Kind etwas Beängstigendes passiert. Das können ganz unterschiedliche Situationen sein. Manche würdest du wahrscheinlich auch sofort als beängstigend einschätzen, andere eher nicht, und dennoch können sie für dein Kind extrem gewesen sein:

- Kam Papa zu spät zum Abholen? Schon fünf Minuten können für ein kleines Kind eine halbe Ewigkeit sein.

- Hat der Nachbarshund seine Schnauze unerwartet heftig durch den Zaun geschoben?
- Hat Oma extrem laut aufgeschrien, als die Spinne auf den Tisch krabbelte?
- Hatte der Kinderarzt nicht nur eine fiese Spritze dabei, sondern trug er auch noch einen Vollbart, der sein Gesicht verdeckte?
- Haben mehrere tobende Kinder dein Kind auf dem Spielplatz aus Versehen umgeworfen?
- Kam im Radio eine Nachricht über eine Einbruchsserie?
- Hat dein Kind sich beim Essen mit der Gabel heftig in die Wangentasche gepikst?

Unerwartetes, was einmal ungute Gefühle ausgelöst hat, kann auch in Zukunft – nur beim Gedanken daran – Angst machen. Besonders wenn dein Kind sich in der Situation als hilflos und allein empfunden hat. Manchmal aber auch, obwohl du dabei warst und es so gut wie möglich begleitet hast.

Allerdings muss der Auslöser gar nicht immer konkret mit der dann gezeigten Angst zusammenhängen, sondern kann ganz allgemein Ängstlichkeit vergrößern. Stirbt zum Beispiel ein Elternteil, muss daraus nicht linear eine Angst vor Krankheit und Tod entstehen. Ein derartig belastetes Kind kann auch an andere Stellen das Gefühl der Ohnmacht und Angst mitnehmen und beispielsweise auf einmal Angst vor großen Plätzen oder vor tiefem Wasser entwickeln.

Wichtig ist hier, dass du nicht in einer Schuldsuche stecken bleibst: *„Ich hätte das verhindern müssen!“* Ja und nein. Manche Erlebnisse sollten Kinder nicht haben müssen, aber das Leben ist keine Laborsituation. Dinge passieren. Wer oder was daran schuld war, ist meist nicht wirklich relevant. Wichtig ist, dass der Verlauf gesehen und für eine leichtere Zukunft bearbeitet wird. Und das tust du jetzt.

Unsicherheit aus dem Umfeld

Vielleicht spürt dein Kind eine dauerhafte Unsicherheit in seinem Umfeld. Eine **unsichere äußere Situation k**ann die Ängstlichkeit im Inneren deines Kindes auslösen oder verstärken:

- **Erziehungsstil**
  Eine Ursache für Angst ist Bindungsunsicherheit, die in den ersten Lebensjahren entstanden ist, beispielsweise durch dauerhaft streitende Eltern oder durch unberechenbare Eltern, die mal lieb waren und mal distanziert. Auch strafende Eltern oder solche, die ihr Kind ständig entmutigen und beschämen, oder eine hochstrittige Elterntrennung können die Bindung unsicher machen. Emotionale oder körperliche Gewalterfahrungen können das Bindungsmuster eines Kindes sogar nachhaltig stören und damit mehr als nur unsicher machen. Ängste fallen so auf einen fruchtbaren Boden.
- **Situation**
  Eine andere Ursache für gesteigerte Ängstlichkeit kann eine politisch oder finanziell unsichere Familien- oder auch Gesamtsituation sein.
- **Angst der Eltern**
  Und als dritte Ursache sind ängstliche Eltern denkbar, die ihre Gefühle auf das Kind übertragen. Wenn sie sich dauerhaft nicht sicher fühlen, wie soll ihr Kind das schaffen?

Durch all diese Aspekte kann auch dein Kind derartig in Unruhe geraten sein, dass es mit vermehrtem Stress und steigender Vorsicht durchs Leben geht. Das kann in vermehrter, erlernter Ängstlichkeit münden.

Fragst du dich, ob dein **Erziehungsstil** oder vielleicht eure elterliche Kommunikation verstärkend sein könnte, suche unbedingt eine Erziehungsberatung auf und lass jemanden von außen auf eure Situation schauen. Mein Buch „Nicht zu streng, nicht zu eng“ (humboldt, 2022) kann dir dabei helfen. Verlier dich nicht in Schuldgedanken, sondern schau hin, was du tun kannst. Es gibt gute Gründe, warum Eltern in diesem oder jenem Erziehungsstil landen. Aber das Verhalten ist veränderbar.

Gab oder gibt es eine unsichere **Situation** im Leben deines Kindes? Hat es psychische oder körperliche Gewalt oder starke Verunsicherungen erfahren, sprich auf jeden Fall mit eurer kinderärztlichen Praxis, ob zeitnah therapeutische Arbeit mit dem Kind notwendig ist. Wichtig ist, dich nicht von Schamgefühlen ausbremsen zu lassen. Wenn du erkennst, dass eure Lage Hilfe benötigt, bist du auf einem guten Weg nach vorn. Geh ihn an.

Denkst du, **deine eigene Angst** könnte so stark sein, dass sie sich auf dein Kind auswirkt? Auf die mögliche verstärkende Ursache „Angst der Eltern“ gehe ich im Kapitel „Achte gut auf dich und deine Angst“ ab Seite 44 gleich noch genauer ein, weil dieses Thema mehr Raum braucht.

Innere Unsicherheit

Vielleicht spürt dein Kind aber auch eine dauerhafte Unsicherheit in seinem Inneren. Das kann beispielsweise ganz schlicht eine nicht festgestellte Sehschwäche sein, aber auch ein starker Unterschied zwischen kognitiven und emotionalen Fähigkeiten (wenn dein Kind noch sehr jung ist, seine Gefühle noch nicht gut allein beherrschen kann, dabei aber eine hohe kognitive Intelligenz aufweist).

Eine vorliegende Depression, eine Aufmerksamkeits- und Konzentrationsstörung (wie ADHS) und bestimmte Überforderungen können ebenfalls Ängste erst wecken. Oft sind das zum Beispiel Trennungsängste. Denn wenn dein Kind innerlich nicht im Gleichgewicht und nicht gesund ist, braucht es die größte Sicherheit, die es sich vorstellen kann, und das sind in der Regel die Eltern. Aber die Ursache ist nicht das Vermissen, sondern die eigene Gesundheit.

Auch ein schlechter Zugang zum eigenen Körper und zur Innenwahrnehmung kann Ängste befördern. Wenn dein Kind nicht gut einschätzen kann, wie stark ein Herz klopfen oder die Atemfrequenz steigen darf, ohne dass wirklich Gefahr droht, kann es sein, dass es die Reize aus dem Körperinneren überinterpretiert. Besonders Kinder mit angeborener Ängstlichkeit können hier noch zusätzliche Last mitnehmen. Für Kinder unter 6 Jahren empfehle ich dir hierzu mein Buch „Mit allen Sinnen wachsen“ (humboldt, 2023). Damit kannst du korrekt einzuschätzen, wie gut dein Kind sich wahrnehmen kann, und bekommst Impulse, die Innenwahrnehmung spielerisch zu fördern.

Bist du sicher, dass all diese Faktoren für eine erworbene starke Ängstlichkeit ausgeschlossen werden können? Sonst mach dich bei großer Ängstlichkeit bei deinem Kind unbedingt auch hier mit ärztlicher Hilfe auf die Suche, um nichts zu übersehen. Zu oft wird nur auf die Angst geschaut.

Häufung von Ängstlichkeit

Vielleicht liegt in eurer Familie aber auch eine Häufung von Ängstlichkeit, Ängsten oder gar Angststörungen vor? Wenn es mehrere Personen mit starken Ängsten gibt, kann das Auswirkungen auf dein Kind haben. Diese Häufung kann die Wahrscheinlichkeit erhöhen, dass es im Umgang mit Angst eher Probleme hat und eine erlernte Ängstlichkeit zeigt. Alle in eurem Leben sind seine Vorbilder.

Woher kommt die Angst deines Kindes?

Hat etwas im Leben deines Kindes seine Ängstlichkeit möglicherweise vorangetrieben: unschöne Erfahrungen oder ungute familiäre Vorbilder?

Verstärkt irgendetwas seine Angst möglicherweise immer noch?

Ist gesundheitlich noch nicht alles abgeklärt?

Es ist wichtig, dass du dir diese Gedanken machst, um die Angst deines Kindes gut kennenzulernen. Hast du bei einem der Abschnitte gedacht, das könnte auf dein Kind und eure Situation zutreffen, hast du dort bereits Impulse bekommen, wie du damit umgehen kannst. Oft ist es lohnend, externe Hilfe hinzuzuholen, um die beeinflussenden Faktoren zu verändern: Eine Erziehungsberatung kann euch in dauerhaft unsicheren Situationen beiseitestehen, eure kinderärztliche Praxis ist der richtige Kontakt, um mögliche Unsicherheiten im Inneren deines Kindes zu klären. Gab es auslösende Situationen wie zum Beispiel einen Hundebiss oder eine schlimme Krankenhauserfahrung, wirst du dazu Impulse im zweiten Teil des Buches „Eure Angst bewältigen“ ab Seite 66 finden.

Und was ist mit deiner Angst?
Natürlich solltest auch du dir ähnliche Fragen stellen: Wie ist denn deine eigene Angst gewachsen? Wenn du an deinen bisherigen Lebensweg denkst, welche möglichen verstärkenden Faktoren gab es da: Ein von Geburt an ängstliches Wesen? Eine Erfahrung (oder mehrere), bei der du dich alleingelassen und ohnmächtig gefühlt hast? Keine Hilfe durch deine Eltern oder andere Bezugspersonen beim Umgang mit Angst? Ein Elternhaus, das nicht sehr zugewandt oder aber überbehütend war? Mehrere andere Familienmitglieder, die dich mit ihrem unguten Umgang mit Angst „angesteckt" haben könnten?

Wenn du spürst, dass es in dir sehr rumort, wenn du über diese Fragen nachdenkst, darfst du auch mal eine Pause machen. Bei der Suche nach Antworten kann so manches angestoßen werden. Fühlst du dich allein mit den Fragen überfordert, suche dir Hilfe: Vielleicht reicht dir das Gespräch mit einer Freundin oder einem Freund. Eventuell muss es aber auch beratende oder therapeutische Hilfe sein, wenn du den Eindruck hast, du steckst fest oder es schmerzt sehr, dir deine Geschichte anzusehen.

Eure Angst maskiert sich

Wenn du an Angst denkst, siehst du wahrscheinlich eine Person vor dir, die Gänsehaut hat, sich nervös die Finger reibt, hektisch atmet, vielleicht die Hände vors Gesicht schlägt, schreit oder gar wegläuft. Doch Angst sieht nicht immer gleich aus. Und vielleicht kennst du das auch von dir und deinem Kind.

Manchmal ist Angst schwer zu erkennen. Das gilt für Erwachsene, aber gerade auch für Kinder. Sie wissen selbst noch nicht so gut, was in ihnen los ist oder können es nur schwer formulieren. Manchmal arbeitest du dich vielleicht an einem Verhalten deines Kindes ab, das gar nicht wie Angst aussieht, aber eigentlich Angst ist. Das können zum Beispiel Aggressionen sein.

Es ist wichtig, dass du lernst, hinter ein Verhalten zu gucken und nicht gleich die einfachste Lösung zu akzeptieren. Wenn dein Kind zu dir sagt, es hasse dich, heißt das oft nicht, dass es dich nicht mag, sondern, dass es sich unsicher fühlt und eine Schutzmauer hochzieht, zum Beispiel aus Angst. Und wenn dein Kind seine Freundin haut, heißt das nicht, dass es gemein und respektlos ist, sondern wahrscheinlich überfordert, verzweifelt und vielleicht auch voller Angst.

Versteckte Angst

Angst kann nämlich durch verschiedenes Verhalten überdeckt und durch andere Symptome versteckt sein. Dann agiert man nicht typisch ängstlich, sondern verhält sich anders auffallend. Das ist nicht nur bei Kindern so, sondern oft auch bei Erwachsenen.

Ein einfaches Beispiel ist ein Klassiker: Dein Kind läuft unterwegs weg, du hast Angst, dass es auf die Fahrbahn rennt, brüllst, hältst es etwas zu heftig fest, schimpfst vielleicht danach. Nach außen hin zeigst du eher Wut und Aggression, dahinter liegt aber Angst. Du hast Angst gespürt und bis sofort ins aktive Handeln gekommen, statt wegzulaufen oder zu erstarren – ein recht normaler Ablauf und ein typisches Anzeichen von Angst. Und trotzdem würden sowohl Erwachsene als auch Kinder dein Auftreten wahrscheinlich erstmal mit Begriffen wie „wütend“ oder „laut“ und „vehement“ beschreiben, nicht mit „ängstlich“. Versteckte Angst solltest du aber kennen, um sie bei dir und vor allem auch bei deinem Kind gut erkennen und richtig an ihr arbeiten zu können.

Wut und Aggression

Angst kann sich hinter Wut und Aggression verbergen. Auch bei Kindern treten Gefühle nicht isoliert auf, sondern in Kombination: Angst und Zorn, Angst und Eifersucht, oder auch Angst, Aufregung und Vergnügen (vielleicht in der Achterbahn). Dabei versteckt sich möglicherweise ein Gefühl hinter einem anderen wie die Angst hinter den oben aufgezählten Emotionen. Oder es versteckt sich hinter einem Verhalten, das eigentlich typisch für andere Gefühle ist. Wichtig ist, alle Gefühle zu sehen und vor allem das beherrschende Gefühl zu erkennen und sinnvoll mit ihm umgehen zu können.

Ich kann dir verschiedene Beispiele geben:

- Ein Kind, das sich in der neuen Schulklasse unwohl fühlt und gern Teil der Gruppe wäre, wird auf dem Schulhof vielleicht nicht ängstlich in der Ecke sitzen, sondern mit dem Angstgefühl im Bauch versuchen, in Kontakt zu kommen, allerdings möglicherweise durch Treten oder Kneifen – Angst gepaart mit Wut und Aggression.
- Ein Kind, das in der Kindergartengruppe vor allen gesagt bekommt, es dürfe den geliebten Maltisch nicht mehr benutzen, weil es vielleicht zum wiederholten Male mit Farbe auf den Stuhl gemalt hat, wird vielleicht auch nicht erstarrt und mit aufgerissenen Augen reagieren, sondern die Stiftebox nach der Erzieherin schmeißen. Dabei hat es eigentlich Angst (und vielleicht auch Scham) verspürt, weil die Malerei ihm so wichtig ist und alle Kinder zugehört haben – Angst gepaart mit Scham, Wut und Aggression.
- Und ein Kind, das seinem neugeborenen Geschwisterkind ins Gesicht haut, will ihm sehr sicher nicht wehtun, aber hat vielleicht die Angst, es könne ihm seine Bezugspersonen streitig machen – Angst gepaart mit Eifersucht, Wut und Aggression.

Angst und Wut haben die Gemeinsamkeit, dass sie häufig entstehen, wenn ein Mensch sich ohnmächtig fühlt. Er verliert die Kontrolle über die Situation. Jemand anderes, die Umstände oder die Emotionen übernehmen die Macht. Bestimmte Verhaltensweisen wie *Flucht*, *Erstarren* oder eben *Aggression* sind dann die Signale dafür, dass die Person gerade starke Angst oder Wut empfindet und dass es ihr nicht gut geht.

Angst wie auch Wut sind also nicht nur schlecht, sondern oft wichtig als Marker. Der Umgang mit ihnen kann gut und sinnvoll sein oder eben nicht. Diese Gemeinsamkeit sorgt dafür, dass sich Angst immer wieder auch hinter Wut versteckt.

> **Fallen dir Situationen ein, in denen dein Kind wütend oder aggressiv war, und vielleicht Angst dahintersteckte?**

Ängstliche Kinder entwickeln Strategien, um mit ihrem Angstgefühl aktiv umzugehen. Diese Verhaltensweisen können sich festsetzen, wenn das Kind erlebt, dass sie ihm helfen. Zeigt dein Kind also mehrfach aggressives Verhalten in Angstmomenten und merkt danach, dass sich sein Angstgefühl dadurch abgebaut hat, wird es diese Strategie immer wieder nutzen. Dann ist es in seiner Wahrnehmung erst einmal nicht ohnmächtig der Angst ausgeliefert. Nur richtig sinnvoll ist das Verhalten natürlich nicht.

Gefühlsstress motorisch auszuleben, also um sich zu hauen oder mit etwas zu werfen, ist typisch für Kinder. Und von außen denken wir nicht daran, dass hier ein Kind nicht gut mit Angst zurechtkommt, sondern wir sehen ein schwieriges, heftiges Kind, das ausgebremst werden muss, damit es sich und anderen nichts antut und nichts kaputt macht.

Maßregelst du dein Kind nun für seine Aggression, bestrafst es oder sagst auch nur *„So macht man das nicht!“*, lernt das Kind im Umgang mit seiner Angst nichts als *„Ich bin falsch“* oder *„Ich mache das falsch“*. Damit wäre nichts gewonnen. Dein Kind bliebe ängstlich und ohnmächtig.

Leider ist diese Sichtweise noch sehr verbreitet: *„Herausfordernde Kinder müssen lernen, sich zu benehmen. Notfalls auch mit Strafen. Das hat doch noch nie geschadet.“* Nein, nein, nein. **So lernen Kinder nicht, sich reifer zu verhalten. Sie lernen nur, sich anzupassen, unter Umständen voller Stress und mit vermindertem Selbstwert.** Du kannst es mit deinem Kind anders machen.

Versteckte Angst zu erkennen, ist nicht immer einfach. Es gibt keine Frage, die du deinem Kind stellen kannst, um eine klare Antwort zu bekommen. Du musst zum Detektiv oder zur Detektivin werden und Anhaltspunkte zu einer Lösung zusammenbringen.

> Wann zeigt sich dein Kind wütend und aggressiv?
>
> Was ist vorausgegangen?
>
> Steckt eine Überforderung hinter seinem Verhalten? Und kann es sein, dass sie von Angst ausgelöst wurde?
>
> Gab es eine bedrohliche Situation, in der dein Kind den Eindruck gehabt haben könnte, es würde in seinen Bedürfnissen eingeschränkt? War die Gesundheit in Gefahr, Selbstbestimmung nicht möglich oder eine Bezugsperson nicht greifbar?
>
> Wurde sein Selbstwert beschädigt, fehlte ihm eine Handlungsidee oder fühlte es sich ohnmächtig?
>
> Dann kann sich dahinter versteckte Angst verbergen.

Wenn du Angst entdecken kannst, ist es wichtig, ...

- mit deinem Kind nicht nur zu überlegen, dass Aggressionen nicht gut sind,
- und was es stattdessen tun kann,
- sondern unbedingt auch nach der Angst selbst zu schauen und seinen Umgang mit diesem Gefühl zu verbessern.

Sonst veränderst du vielleicht das gezeigte Verhalten und die Aggressionen werden weniger. Aber der Stress und die Überforderung durch starke Angst bleiben bei weiteren auslösenden Situationen identisch. Besser ist es, dein Kind lernt den sinnvollen Weg.

Dauerhafte, länger als 3 bis 6 Monate bestehende Aggression verursacht durch Angst, die du nicht gehändelt bekommst, gehört in ärztliche Hände. Such dann auf jeden Fall ein Beratungsgespräch in eurer kinderärztlichen Praxis.

Stille und Rückzug

Angst kann auch hinter Stille und Rückzug stecken, sich also auch auf eine ganz andere Art verbergen. Dann werden Kinder nicht aktiv, sondern gehen passiv mit dem aufkommenden, überfordernden Gefühl um: *„Ich sage nichts. Ich tue nichts. Ich laufe weg und verstecke mich. Ich vermeide das Gefühl in Zukunft möglichst."* Wieder ist beides mit dem Eindruck von Ohnmacht verbunden. Du kannst dir vorstellen, dass Rückzug ebenso wie Wut und Aggression nicht dauerhaft sinnvoll ist, denn wieder behält die Angst die Oberhand und dein Kind geht nicht wirklich hilfreich mit ihr um. Es ergibt sich ihr eher.

Fallen dir Situationen ein, in denen dein Kind sehr still und zurückgezogen war, und bei denen Angst dahintergesteckt haben könnte?

Auch hierzu gebe ich dir Beispiele:

- Ein Kind, das immer von seinen Eltern angebrüllt wird, wenn ihm ein Malheur am Esstisch passiert, wird vielleicht immer weniger essen mögen, hatte jedoch sonst immer so viel Spaß am Broteschmieren und Tischdecken – Angst versteckt hinter Vermeidung und Appetitlosigkeit.
- Ein Kind, das mehrfach fies im Kindergarten geärgert wird, wird vielleicht nur noch im letzten Winkel des Außengeländes hocken und allein in der Erde graben, anstatt auf dem schönen Klettergerüst unterwegs zu sein – Angst versteckt hinter Vermeidung und Isolation.
- Und ein Kind, das im Grundschulunterricht von der Lehrkraft vor aller Augen und Ohren für eine falsche Antwort gemaßregelt wurde, wird sich möglicherweise gar nicht mehr zu Wort melden wollen, nicht mal in Sachkunde, das ihm eigentlich so viel Freude bereitet – wieder Angst versteckt hinter Vermeidung.

Sie alle wollen die unguten Angstgefühle verhindern: *„Ich möchte mich nicht mehr so fühlen."* **Doch anstatt etwas gegen die Angst im Körper und im Kopf zu tun, wird etwas gegen den Angstauslöser getan.** Er wird weggeschoben, soll nicht mehr auftauchen, sogar wenn das Kind dafür sehr geliebte Dinge nicht mehr macht. Es schränkt sich selbst ein.

Solches Vermeiden und derlei Hemmungen können sehr belastend sein und zu großem Leidensdruck führen. Wenn dein Kind seine Angst so versteckt, traut es sich möglicherweise bald auch andere Dinge nicht mehr zu. Und oftmals bemerkt das Umfeld sein Problem gar nicht, weil es ja leise und unauffällig ist und nichts für sich einfordert. Gerade in Gruppensituationen wie dem Kindergarten oder der Schule kann dein Kind dann leicht untergehen.

Das kann dein Kind sehr traurig machen. Denn Teilnahmslosigkeit ist nicht gesund. Alle Menschen haben das Bedürfnis nach sozialen Verbindungen und nach selbsttätigem Wirken. Einsamkeit und Passivität verursachen auf Dauer ein großes Unwohlsein.

Wieder musst du dich auf Detektivarbeit einstellen.

In welchen Momenten zeigt sich dein Kind still und teilnahmslos? Seit welchem Ereignis ist es immer zurückgezogener?

Stecken unschöne, beschämende Erfahrungen hinter seinem Verhalten? Und kann es sein, dass hier Angst vor weiteren Beschämungen oder Überforderungen dahintersteckt?

Gab es eine bedrohliche Situation, in der dein Kind den Eindruck gehabt haben könnte, seine Bedürfnisse wurden übergangen, es wurde gefährdet und fühlte sich alleingelassen und überfordert?

Dann kann Angst die Ursache für seine Stille sein.

Wieder reicht es nicht, das Symptom zu bearbeiten: Selbst, wenn dein Kind sich dazu bewegen lässt, beängstigende Herausforderungen nicht mehr zu vermeiden, also seine Hemmung und seinen Rückzug aufzugeben, hat es noch nichts dazugelernt, um mit den Angstgefühlen zurechtzukommen. *„Geh doch einfach wieder dahin!“* ist keine Lösung. Aber hast du herausgefunden, dass das grundlegende, beherrschende Gefühl Angst ist, kannst du mit deinem Kind an helfenden Strategien arbeiten, wie sie im zweiten Teil des Buches vorgestellt werden.

Ständiger Rückzug und Verstummen basierend auf Angst sollten in eurer kinderärztlichen Praxis besprochen werden, wenn du allein nach 3 bis 6 Montane nichts verändern konntest.

Körperliche Symptome

Angst kann auch hinter körperlichen Schmerzen stecken. *„Ich habe so Bauchweh, ich kann nicht in die Schule gehen.“ „Mir tut der Kopf weh, ich gehe wohl lieber heute nicht zum Turnen.“ oder „Mein Hals ist immer wie zugeschwollen, wenn wir zu Opa fahren.“* – Manches, was wie eine körperliche Erkrankung wirkt, liegt gar nicht an einer Magenverstimmung, einer Allergie oder einer Erkältung, sondern hat eine seelische Ursache. Nichtsdestotrotz ist dein Kind dann nicht gesund. *„Du hast ja gar kein echtes Bauchweh!“* ist nichts, was deinem Kind weiterhilft, wenn es seine Angst hinter körperlichen Beschwerden versteckt. Es braucht Aufdeckung und Anerkennung seines Problems.

Hast du mit deinem Kind schon Momente erlebt, in denen es körperliche Symptome zeigte, hinter denen sich eine Angst versteckt haben könnte?

Leider fordert dich eine solche Angst vermutlich am meisten heraus, denn die Detektivarbeit ist besonders schwer und dein schlechtes Gewissen springt rasch an: Kannst du dein Kind in den Kindergarten bringen, wenn es Bauchweh hat? Wenn du doch sicher bist, dass es keine körperliche Ursache dafür gibt? Und wenn dein Kind jeden Tag über Bauchschmerzen klagt, aber du auch wirklich dringend wieder zur Arbeit gehen müsstest? Puh, das sind große Entscheidungen. Und leider gibt es nicht immer die eine richtige Antwort.

Aber du hast auch hier die Chance, dich als Detektiv oder Detektivin auf den Weg zu machen.

> Hat dein Kind weitere Anzeichen von Erkrankung wie Blässe, Schlappheit, Fieber?
>
> Was für einen Eindruck macht es insgesamt auf dich?
>
> Verschwinden die Symptome, wenn dein Kind zu Hause bleiben darf oder wenn du ihm besonders viel Nähe und Berührungen gibst?
>
> Wann tauchen die Beschwerden auf? Erinnerst du dich, in welchem Zusammenhang sie sich zum ersten Mal gezeigt haben? Kann es sein, dass dein Kind überfordert war und Angst gespürt hat? War und ist es ideenlos, was es dagegen unternehmen könnte?
>
> Auf diese Weise kannst du ganz gut feststellen, ob eine körperliche Ursache wahrscheinlich ist oder eher nicht.

Kommst du zu dem Schluss, dass Angst hinter den Schmerzen stecken muss, helfen Nähe und Kuscheln oder zum Beispiel eine Pause von Kindergarten oder Schule nur kurzzeitig. Aber Pausen sind legitim, um langsam wieder auf die Beine zu kommen, wie bei einer körperlichen Erkrankung auch. Wieder müsst ihr dem Angstauslöser auf die Spur kommen und dein Kind braucht Strategien dafür, wie es die Angstgefühle gut händeln kann.

Auch hier gilt es, die kinderärztliche Praxis spätestens nach einem Vierteljahr hinzuzuziehen, wenn du trotz intensiver Begleitung nichts erreichen konntest. Zeigen sich die Schmerzen in Zusammenhang mit Kindergarten oder Schule, gehören auch diese Institutionen mit an den Tisch, um das Problem zu lösen.

Alle versteckten Ängste müssen also aufgedeckt werden, um nicht an den falschen Symptomen und Verhaltensweisen zu arbeiten. Und sie benötigen im Anschluss Ideen zum sinnvollen, aktiven Umgang mit ihnen durch dein Kind. Die findest du im zweiten Teil des Buches ab Seite 66.

Und was ist mit deiner Angst?
Was für die Angst deines Kindes gilt, gilt auch für deine. Kann es sein, dass auch bei dir manchmal Angst hinter Wut und Aggressionen steckt? Oder manchmal Angst hinter Stille und Rückzug steckt? Oder zeigst du häufig körperliche Beschwerden, die sich möglicherweise auf beängstigende Situationen zurückführen lassen? Beantworte die vorangegangenen Detektivfragen (Seite 34–39) auch für dich, um nichts an dir zu übersehen.

Vielleicht entdeckst du Ursachen, die dich in dieses Verhalten drücken und die du verändern solltest. Wenn du dich an einem Punkt damit überfordert fühlst, versuche im ersten Schritt wieder, ob dir ein freundschaftliches Gespräch helfen kann. Sonst hilft dir auch ein Experte oder eine Expertin weiter.

Gespielte Angst

Angst ist manchmal gar nicht echt. Das zu erkennen, ist besonders herausfordernd. Wie oft sagen Erwachsene über kleine Kinder, sie würden irgendetwas mit „böser Absicht" machen: kneifen, um Aufmerksamkeit zu bekommen, oder abends immer wieder aus dem Bett kommen, um die Eltern zu einer Reaktion zu bringen. Das ist alles nicht nett gemeint, sondern abfällig: *„Die unartigen Kinder!"*

Doch Kinder sind nicht einfach boshaft. Derartiges Verhalten hat immer Gründe, und das sind meistens keine ausgefeilten Pläne, schon gar keine bösen, mit denen ein Kind jemand anderem Leid zufügen will. Sowohl das kneifende Kind als auch das, das abends immer wieder aus dem Bett kommt, fühlt sich wahrscheinlich tatsächlich irgendwie unwohl, vielleicht zu wenig beachtet, unsicher. Kinder suchen kneifend oder „nervend" Nähe.

Im Alter zwischen 5 und 7 Jahren bewegen sich Kinder allerdings in einer starken Fantasiewelt, lieben oft Rollenspiele und probieren sich gern aus. Sie sind im Denken so weit gereift, dass sie willentlich eine Rolle übernehmen können: die kleine Katze, den lauten Nachbarn und auch das verängstigte Kind. Gespielte Angst ist in diesem

Fall durchaus geplant und entsteht nicht aus einer Überforderung oder einem Vermissen heraus.

Aber meist fehlt immer noch die böse Absicht: Wenn dein Kind Angst spielt, will es niemandem schaden. Auch nicht dir, wenn du wegen gespielter Angst einen Tag „kindkrank" freinehmen musst. Vielleicht will es einfach nur spielen und spüren, wie der Tag dann so verläuft. Vielleicht will es so aber auch bezwecken, dass du mehr Zeit mit ihm verbringst – ja, das kann sein. **Doch dann ist ein Kind immer noch nicht böse.** Es überblickt nicht die Konsequenzen, die du im beruflichen Umfeld haben könntest. Es spürt nur ein großes Bedürfnis, von dem es nicht weiß, wie es sich das anders erfüllen soll.

Hattest du eine Situation mit deinem Kind, in der es eine Angst spielerisch vorgetäuscht hat?

Was hast du gedacht, was dabei in ihm vorging?

Habt ihr bereits darüber gesprochen?

Die Strategie deines Kindes ist es in solchen Momenten, nicht zu sagen, was es braucht, sondern etwas anderes vorzuspielen. Möglicherweise liegt das daran, dass es das noch gar nicht richtig erkennen und formulieren kann. Oder es hat die Erfahrung gemacht, dass es in seiner Bedürfnisformulierung nicht ernst genommen wird. Daher ist nun seine Strategie, die Angst vorzuspielen, weil es so sein Bedürfnis wahrscheinlich rasch erfüllt bekommt.

Besonders wichtig ist aber, jede Angst erst einmal ernst zu nehmen. Selbst wenn dein Kind eine großartige schauspielerische Leistung zeigt, die in ihrer Theatralik fast zum Lachen ist, solltest du dir das Lachen unbedingt verkneifen und ernsthaft hinschauen, ob es sich um Spiel oder echte Furcht handelt. Dafür brauchst du wieder Handwerkszeug.

Mit gespielter Angst umgehen

Beeinträchtigt dich die gespielte Angst nicht, sondern findet im Alltag so statt, dass du mitspielen kannst, ist sie kein Problem. Geh darauf ein, lass dein Kind im Spiel erfahren, wie Angst sich äußert und wie man aktiv mit ihr umgehen kann. Wichtig ist im Rollenspiel, dass Ängste hier eine gute Lösung erleben und nicht ungelöst bleiben.

Bist du unsicher, ob es gespielte Angst ist, geh wieder die Detektivfragen auf den Seiten 34 bis 39 durch.

Bist du sicher, dass es ein Spiel ist, und findet das Spiel in Situationen statt, die dir das Leben erschweren, beispielsweise weil dein Kind sich verweigert, das Haus zu verlassen, musst du ihm klarmachen, dass das Spiel kein Gutes ist.

Mit folgenden Anregungen kannst du ins Gespräch gehen:

- *„Es ist schön, mit allem zu spielen, auch mit allen Gefühlen wie Freude oder Angst. Das darfst du gern machen. Aber das muss ein Spiel bleiben, wenn wir die Zeit dafür haben, zum Beispiel am Nachmittag.“*
- *„Das Spiel können wir nicht machen, wenn ich zur Arbeit muss oder du in den Kindergarten/in die Schule oder wenn andere wichtige Sachen anstehen. Dann wird unser Leben schwierig, denn die anderen Dinge sind kein Spiel.“*
- *„Und ich kann dann nicht unterscheiden, ob du wirkliche Angst hast oder nicht, wenn du sie so oft in solchen Momenten spielst.“*
- *„Gibt es etwas, was du gerade eigentlich lieber mit mir machen möchtest, als in den Kindergarten zu gehen?“*

Jetzt weißt du, wie verschieden Angst sich zeigen kann, und hast Handwerkszeug, um sie aufzudecken. Als Nächstes zeige ich dir, was du speziell über deine Angst als Elternteil wissen solltest.

DAS MUSST DU ÜBER DEINE ANGST WISSEN

Der Umgang mit Angst kann von Eltern auf ihr Kind übertragen werden. Denn du als Elternteil bist ein wichtiges Vorbild für dein Kind. Darum ist es nicht nur von besonderer Bedeutung, ob es mehrere (entferntere) Familienmitglieder gibt, die mit Angst kämpfen, sondern vor allem, wie du mit Angst umgehen kannst. Gerade wie du im Alltag handelst, ist dabei viel wichtiger als bloße Erklärungen und Worte von dir.

Nicht nur deine gelebte Höflichkeit oder Empathie können von deinem Kind übernommen werden. Auch weniger positiv besetzte Verhaltensweisen, wie starke Wutausbrüche oder eben übertriebene Ängstlichkeit, können abfärben. Aber ein sinnvoller Umgang mit Angst zum Glück auch!

Stopp! Dieses Buch soll dir keine Angst machen. Daher lies jetzt bitte ganz in Ruhe und sehr genau weiter. Wenn du dich selbst auch als sehr ängstlich einschätzt, ist es wichtig, dass du nicht auch noch Angst davor entwickelst, deine Probleme auf dein Kind zu übertragen. Ja, das Risiko besteht, aber das muss nicht passieren. Du kannst einiges tun, um dem vorzubeugen. Genau für diese Fälle habe ich dieses Buch geschrieben.

Du hast es in der Hand, denn eine Übertragung elterlicher Ängstlichkeit ist kein Automatismus. Du kannst mithilfe dieses Buches auch lernen, gut mit deiner Angst umzugehen, und deinem Kind damit Vorbild sein. So geht ihr miteinander durch die Angst. Du hast schon bis hierhin gelesen und so viel mitgenommen. Trau dir viel zu!

Ob dein Umgang mit Angst bislang schon Auswirkungen auf dein Kind hatte, ist an dieser Stelle gar nicht so relevant. Wichtig ist der Ist-Zustand: Du und dein Kind habt Schwierigkeiten mit Angstgefühlen und braucht Bewältigungskraft. Ab jetzt zählt es, welche Schritte ihr nach vorne geht.

Achte gut auf dich und deine Angst

Damit deine Ängstlichkeit nicht auf dein Kind abfärbt und deine Ängste sich nicht übertragen, gebe ich dir nun erste Gedanken dazu mit, wie du grundsätzlich damit umgehen solltest.

Ergründe deine Angst

Im Kapitel „Eure Angst wächst mit der Zeit“ ab Seite 22 hast du erfahren, wie Angst im Lebensverlauf entstehen und sich festsetzen kann. Dort konntest du auch schon darüber nachdenken, wie wohl dein Angst-Weg gewesen ist. Und du hast Anregungen bekommen, wie du mit diesem Thema umgehen kannst, wenn es dich allein überfordert. Es ist in jedem Fall wichtig, dass du diesen Teil deiner Angst nicht außer Acht lässt.

Im Grunde ist es wie bei einer Unverträglichkeit: Wenn du nur die Symptome behandelst, wie zum Beispiel allergische Hautirritationen mithilfe einer Creme, kann die Haut sich beruhigen, aber die Reaktion wird immer wieder auftauchen. Schaust du dir das Problem jedoch genauer an und findest die Ursache (ein bestimmtes Duschgel, das dir eine Freundin immer schenkt?), kannst du das Thema an der Wurzel packen, den Auslöser aus deinem Leben werfen und darüber sprechen.

Bei deiner Angst kann es ähnlich sein. Vielleicht hat eine Person daran mitgewirkt, dass sie so groß geworden ist. Das genau zu sehen und zu verstehen, kann dir sehr helfen. Gerade auch beim Blick darauf, wie du vielleicht dein ängstliches Kind beeinflusst. Ob du die entsprechende Person dann in den weiteren Prozess miteinbeziehen solltest oder nicht, kann natürlich ganz unterschiedlich sein.

Sprich mit anderen Erwachsenen

Sprich über Ängste, die du nicht gut im Griff hast, mit erwachsenen Freunden oder Freundinnen oder je nach Intensität mit Fachpersonen beispielsweise aus der Psychotherapie. Sie können es in der Regel gut aushalten, dich in deiner Angst zu begleiten, ohne sich selbst dafür verantwortlich zu fühlen. Das ist bei deinem Kind unter Umständen anders.

Inwieweit du dein Kind involvieren kannst, erkläre ich dir gleich noch. Es sollte hierbei aber eben nicht dein Sparringspartner werden. Denn wenn es bei dir kontinuierlich große Ängste bemerkt, kann es davon sehr verunsichert werden. Dabei braucht es dich als Ort der Zuversicht und für ein Gefühl von *„Alles wird gut. Du schaffst das!“*

Achte auf deine Hemmungen

Welche eigentlich ganz normalen Situationen vermeidest du ständig im Alltag? Vielleicht Telefonate? Das Ansprechen von Problemen? Oder das Wagen von kleinen Mut-Momenten und neuen Erfahrungen? Dein Kind schaut sich das in vielen Fällen von dir ab.

Das sind also die Bereiche, in denen du kleine Schritte machen solltest, dich etwas zu trauen, um ein hilfreiches Vorbild sein zu können. Im zweiten Teil des Buches mit dem Titel „Eure Angst bewältigen“ ab Seite 66 wirst du auch dazu für dich Inspiration finden.

Achte auf mögliche versteckte Ängste

Hinter welchen anderen Gefühlen und eher untypischen Verhaltensweisen sich Angst verstecken kann, hast du schon gelesen. Prüfe mittels der Fragen im Kapitel „Eure Angst maskiert sich“ ab Seite 31, ob du verdeckte Ängste mit dir herumträgst. Sollte das der Fall sein, kann das auf dein Kind modellhaft wirken und zu Nachahmungen führen. Es ist wichtig, dass du die versteckte Angst gegebenenfalls erkennst, damit du nicht an oberflächlichen Symptomen arbeitest, sondern wirklich am darunterliegenden Angstgefühl. Sollte dich das allein überfordern, suche dir professionelle Unterstützung.

Achte auf nicht-ängstliche Bezugspersonen

Versuche zu ermöglichen, dass dein Kind viele gemeinsame Erfahrungen mit dem nicht-ängstlichen Elternteil oder einer anderen nicht-ängstlichen Bezugsperson machen kann. Dabei wird es erleben, wie sichere, mutige Verhaltensweisen aussehen, sodass es sich leichter auf gleiche Art ausprobieren kann und verschiedene Vorbilder hat.

Das ist ein guter Ausgleich, wenn du dich selbst noch oft von deiner Angst getrieben verhältst. Du kannst auch versuchen, dir solch einen Ausgleich zu suchen: Welche Menschen in deinem Umfeld können sicher und sinnvoll mit Angst umgehen? Verbring Zeit mit ihnen, sprich mit ihnen, lass sie deine Vorbilder werden.

Hol dein Grundschulkind mit ins Team

Mit kleinen Kindern kannst du allgemein über Angst sprechen. Im Kapitel „Mit deinem Kind über Angst sprechen“ ab Seite 73 findest du Anregungen dazu, wie solche Gespräche aussehen könnten, je nachdem wie alt dein Kind ist.

Über deine eigenen Ängste und Schwierigkeiten solltest du erst mit deinem Kind sprechen, wenn es etwas älter ist, um ihm keinen zusätzlichen Stress zu machen. Etwa ab 8 Jahren kann dein Kind deine Ängste recht sicher von sich fernhalten, da es so weit gereift ist, dass es Fühlen, Denken und Handeln trennen kann. Das bedeutet, ein Gespräch über deine Ängste wird nicht sofort dafür sorgen, dass es sich selbst auch schlecht oder gar schuldig fühlt. Es kann unterscheiden, was du beschreibst und was es selbst fühlt. Und es besteht auch nicht die Gefahr, dass es sich verantwortlich dafür fühlt, was in dir los ist. In jüngerem Alter fühlen sich Kinder zu rasch mitgemeint und auch schnell als Auslöser.

Achte aber darauf, deinem Kind bei Ängsten dennoch zu erklären: *„Du hast nichts damit zu tun! Du trägst keine Verantwortung“, und auch „Du musst nichts verändern – dich schon gar nicht – und mir nicht helfen.“* So versteht dein Kind, dass es selbst außerhalb dieses Gefühls ist. Gleichzeitige Berührungen geben deinem Kind Sicherheit in solchen Gesprächen. Und wenn es dich dann von sich aus erleichtert umarmt, hilft das wiederum dir.

Ihr könnt aber durchaus ein gemeinsames Projekt aus eurer Ängstlichkeit machen. Wenn dein Kind spürt, dass ihr beide aktiv mit Angst umgeht und ihr nicht ausgeliefert seid, stärkt es das ungemein. Du bist wieder ein gutes Vorbild. Miteinander durch die Angst!

Genauere Impulse hierzu findest du auch im zweiten Teil des Buches. Das Wichtigste dabei ist, dass du deinem Kind nicht zu viel Verantwortung überträgst:

- Ihr könnt gemeinsam überlegen, welche Schritte gut wären, um Vermeidungsverhalten zu mindern, und euch zusammen einzelne Ängste und mögliche Gegenmittel anschauen. Ihr dürft euch auch gegenseitig an Absprachen erinnern.
- Aber dein Kind sollte keine Helferrolle einnehmen und dich ständig beruhigen müssen. Dafür brauchst du andere Erwachsene, wenn du allein nicht weiterkommst. Eine Rollenumkehr wäre eine zu starke Belastung für dein Kind, die sich nachhaltig negativ auswirken kann.

  Du schaffst es, dass ihr das im Miteinander löst.

Achte auf dein Erziehungsverhalten

Eine starke Ängstlichkeit kann dafür sorgen, dass du überfürsorglich und übermäßig kontrollierend mit deinem Kind umgehst. Deiner eigenen Unsicherheit begegnest du dann damit, das Leben für dein Kind an jeder Ecke absolut sicher gestalten zu wollen. Das wirkt zunächst sehr liebevoll und achtsam, ist jedoch eine falsch verstandene Fürsorge, die dein Kind in seiner Individualität nicht recht im Blick hat und die es einschränken kann.

Verschiedene Risiken bestehen:

- Dein Kind bekommt keine Orientierung in Bezug darauf, welche Bedürfnisse andere Menschen haben und wo es lernen muss, sich zurückzunehmen oder Kompromisse zu schließen. Es bleibt vielleicht sehr egozentrisch.
- Es kann Problemlösefertigkeiten möglicherweise nicht gut entwickeln, weil du ihm alles abnimmst.

- Es lernt wahrscheinlich nicht, dass Konflikte helfen können, einander gut zu sehen und in Beziehung zu bleiben.
- Auch andere Herausforderungen werden deinem Kind (oft aus Konfliktscheue) nicht zugemutet, sodass es sich in verschiedenen weiteren Entwicklungsbereichen schwertun könnte.

Die Überfürsorglichkeit zeigt sich typischerweise durch ungesundes Verwöhnen und ständiges Ausbremsen. Dein Kind kann so sehr unsicher heranwachsen und sich mit sich selbst nicht gut fühlen. Angst trifft so leider auf einen guten Nährboden.

Ungutes Verwöhnen

Möglicherweise gehst du in einer Tour über deine vorhandenen Ressourcen, weil du alles für dein Kind mit- und vorausdenkst, jeden Stolperstein aus seinem Weg räumst und ständig für dein Kind übernimmst, regelst, sprichst. Das tut deinem Kind nicht gut, aber dir selbst auch nicht. Es kann passieren, dass du an oder über die Grenzen deiner Belastbarkeit kommst und dann gar keine Kraft mehr hast, zugewandt zu sein. Verwöhnen ist eine wirklich schöne, wichtige Sache, aber es sollte nicht derartig stark werden, dass es dich deine Zufriedenheit kostet, sich deinem Kind in den Weg stellt und seine Selbstständigkeitsentwicklung behindert.

Ungutes Ausbremsen

Wahrscheinlich passt dein Kind sich deiner übermäßigen Kontrolle an, wenn du es überfürsorglich verwöhnst. Dann zieht es sich zurück, wagt nichts, um nichts zu riskieren, und wird in seiner eigenen Aktivität eingeschränkt: Mama oder Papa macht ja alles.

So kann es wichtige Erfahrungen verpassen, die es eigentlich für einen gesunden Entwicklungsweg benötigt. Aufkommende Ängste treffen auf ein Kind, das allgemein sehr ohnmächtig ist, sodass es sich auch gegenüber den Angstgefühlen handlungsunfähig fühlen wird.

Unsichere Bindung

Die Bindungssicherheit deines Kindes, die wichtig ist für seinen Lebensweg, sein Lernen und seinen Beziehungsaufbau zu anderen Menschen, kann beeinträchtigt werden, weil du es nicht feinfühlig in seinen Bedürfnissen – beispielsweise nach Eigenständigkeit – wahrnimmst. Es spürt nicht kontinuierlich, dass du ihm etwas zutraust und dass es etwas bewältigen kann. Stattdessen nimmt es bei dir Unsicherheit und Zweifel wahr. Das kann dazu führen, dass dein Kind sich sehr „klein“, inkompetent und allein fühlt. Für Angst ist auch das wieder ein gefundenes Fressen.

Ungutes Selbstbild

Die Glaubenssätze deines Kindes über sich selbst können bei solch einem Erziehungsverhalten letztendlich weniger gut ausfallen: *„Ich kann das nicht. Das ist zu gefährlich für mich. Ich fange gar nicht erst an.“* Auch das kann seiner guten Entwicklung im Weg stehen.

Diese möglichen Risiken sollen dich nicht erdrücken. Es kommt auch nicht von heute auf morgen zu derartigen Folgen. Aber es ist wichtig, dass du um sie weißt, denn sie können deine Motivation sein, etwas zu verändern und deinen Erziehungsstil sicherer und mutiger zu gestalten. Das ist gut für deine Ressourcen und hilfreich für dein Kind, zum Beispiel im Umgang mit seiner Angst.

Sicher erziehen

Ich möchte meinen Tipp wiederholen: Mein Buch „Nicht zu streng, nicht zu eng. Dein sicherer Weg zwischen Schimpfen und falschem Verwöhnen“ (humboldt, 2022) kann dir eine gute Hilfe dabei sein, einen sichereren Erziehungsweg zu finden, der zugewandt, aber nicht überbehütend ist. Mach dich auf die Lesereise, um dein Erziehungsverhalten einzuschätzen und zu bearbeiten.

Pflanze deinem Kind in verschiedenen Momenten eures Alltags gute Glaubenssätze ins Herz:

- *„Du kannst das bestimmt, du weißt nur noch nicht so gut, wie es geht."*
- *„Es ist okay, dass du das gefährlich findest, aber ich glaube, wir können zusammen überlegen, wie es trotzdem gehen könnte. Ich traue dir das zu."*
- *„Du brauchst nicht am Ende anzufangen, sondern vorne mit dem ersten kleinen Schritt. Das kannst du. Und ich bin bei dir."*

Ungute Härte

Wenn starke Ängstlichkeit dich dahin bringt, alles rund um dein Kind kontrollieren zu wollen, muss das nicht immer bedeuten, dass du überfürsorglich handelst. Der Weg ins andere Extrem ist oft ebenfalls nicht weit: Distanzierte Härte bei einem autoritären Erziehungsstil beinhaltet auch gute Kontrollmöglichkeiten. Du sagst, wo es langgeht, bist streng und wenig mitfühlend.

Auch das schadet deinem Kind in seiner Entwicklung. Wieder wird es sehr verunsichert und lernt nicht, selbstständig und selbstverantwortlich zu werden. Denn du traust ihm nichts zu. Noch dazu fehlen ihm Nähe und Wärme. So kann wieder nur eine Basis in deinem Kind entstehen, die zu schwach ist, um mit Ängsten gut umzugehen. Deine Härte befeuert die Ängste noch.

Du siehst: Ein kontrollierender Erziehungsstil, egal ob überfürsorglich oder hart, ist ein Risikofaktor für dein Kind. Deine darunterliegende Angst braucht eine Veränderung, damit du sicherer wirst und dein Kind gut begleiten kannst. Auch hierbei kann nicht nur dieses Buch, sondern der bereits genannte Tipp „Nicht zu streng, nicht zu eng" eine wichtige Hilfe sein.

DAS MUSST DU ÜBER DEN UMGANG MIT ANGST WISSEN

Du kannst mit Angst aktiv oder passiv umgehen, planvoll oder spontan. Und du kannst auch einfach vor ihr davonrennen. Die Möglichkeiten für dich und für dein Kind sind zahlreich und leider sind nicht alle sinnvoll. Hier lernst du zu unterscheiden, wie ein guter Umgang mit Angst aussieht und wie nicht.

Wenn ein Mensch Angst bekommt, reagiert zuerst sofort der Körper, recht schnell auch der Kopf, und dann folgt eine bestimmte Verhaltensweise. Im Normalfall passiert das reflexartig. Ich wiederhole es noch einmal für dich:

1. **Der Körper:** Dein Körper zeigt sofort, dass er im Ausnahmezustand ist. Von Gänsehaut über nervöses Händekneten und hektischer Atmung bis zu einem Magen, der sich zusammenzuziehen scheint, ist vieles typisch. Das steuerst du nicht bewusst – kannst das aber bei einem guten Umgang mit Angst immer besser erkennen und hier gegensteuern. Für dein Kind gilt das ebenso.
2. **Der Kopf:** Deine Gedanken ploppen direkt auf und bewerten die Situation und die Reaktionsmöglichkeiten: *„Das ist gefährlich!“ „Das kenne ich schon: Das war letztes Mal ganz schlimm.“ „Das kenne ich nicht und kann es nicht einschätzen – Hilfe!“ „Ich muss was tun!“ „Ich muss angreifen!“ „Ich muss mich verstecken!“* oder auch *„Ich muss hier weg.“* Bei einem bewältigungsstarken Umgang mit Angst wirst du hier planvoller. Auch dein Kind hat diese

Chance. Für manche Strategien muss es erst reifer werden und ausgeklügelter denken können, für andere braucht es schlicht deine Begleitung.

3. **Deine Reaktion:** Normalerweise handelst du nach dem körperlichen Reagieren und gedanklichen ersten Einordnen unmittelbar. Dein Kind ebenso. Auch dieses Handeln kann bei euch beiden zielgerichteter und sinnvoller werden, wenn ihr intensiv daran arbeitet.

Sinnvoller Umgang mit Angst

Angst hat eine wichtige Seite: Durch sie verlierst du im Notfall keine Zeit – du hältst dich zum Beispiel sofort fest, wenn der Abgrund vor dir auftaucht. Deshalb gibt es Angst. Sie hilft der Menschheit beim Überleben.

Bei Angstauslösern, die dauernd in deinem Leben auftauchen und noch dazu vielleicht gar nicht so schlimm sind, wie es dein Körper dir vorgibt, ist das prompte Auslösen aber problematisch. Es sichert nicht dein Überleben. Es ist dafür gar nicht notwendig. Stattdessen behindert dich die übermäßige Reaktion.

Hast du beispielsweise Angst vor Spinnen, rennst sofort weg, wenn eine vor dir auf dem Esstisch auftaucht, und weigerst dich, wieder ins Haus zu gehen, bis jemand anderes sie entfernt hat, ist das nicht sinnvoll. Denn dein Alltag wird dadurch sehr eingeschränkt. Dein Umgang mit der Angst ist dann eher nicht angemessen. Gleiches gilt für dein Kind.

Es wäre besser, genauer darüber nachzudenken, wie du reagieren möchtest und wie eine angemessene Reaktion aussehen könnte. Wenn du dir dessen bewusst bist und etwas ändern möchtest, kann dein Umgang **geplant und sinnvoll** werden. Je besser du mit deinem Kind über seine Angst sprechen kannst, desto planvoller wird es auch selbst reagieren können.

Danach **kannst du dir klarmachen oder mithilfe von gesammelten Informationen einsehen, dass deine Angstreaktion übertrieben ist.** Hast du dauernd Angst vor der Sonne und magst auch mit Schutzkleidung und Sonnencreme nach 10 Uhr morgens das Haus nicht mehr verlassen, kannst du dich damit befassen, wie gut und hilfreich UV-Schutz heute tatsächlich ist. Oder hast du zum Beispiel ständig Angst um dein Kind und magst es deshalb nicht allein vor die Tür lassen, kannst du dich damit beschäftigen, wie selten Kindern tatsächlich etwas passiert, wenn sie allein im Hof spielen oder ohne Erwachsene eine Besorgung beim nächsten Supermarkt machen. Und was du deinem Kind mit auf den Weg geben kannst, damit es sich risikoarm in der Welt bewegt. Solche Selbstständigkeitserfahrungen sind wichtig für Kinder. Ebenso kannst du deinem Kind helfen, sich schon einmal rein gedanklich zu beruhigen, indem es mehr über das Beängstigende in Erfahrung bringt und es realistischer einschätzen kann.

Und dann kannst du die reflexartigen Schritte bewusster angehen. Den körperlichen Reaktionen kannst du beispielsweise gegensteuern, bewusst ruhiger atmen, dich selbst an die Hand nehmen oder dir über die Arme streicheln und andere Strategien finden, um das physische Echo zu verändern. Das kann auch dein Kind lernen.

Und mit der gedanklichen Vorarbeit hast du auch die Reaktionen im Kopf schon umgeformt: *„Es fühlt sich gerade beängstigend an, aber ich weiß, das ist nicht die Wahrheit. Ich bin gut geschützt gegen die Sonne“* wäre ein Gedanke zum oben genannten Beispiel, mit dem du es schaffen kannst, dass deine Angst nicht die Oberhand gewinnt, sondern du sinnvoll aktiv bleibst und klug handelst. So erfährst du, dass du zurück ins Kontrollieren kommst. Übst du das ausreichend oft, wird aus den guten Erfahrungen eine neue Routine. Das Leben wird berechenbarer. Und deinem Kind kannst du die gleiche Gabe schenken, wenn du es entsprechend begleitest und anleitest.

Angst bewältigen. Das können alle gesunden Menschen schaffen, auch du und ebenso dein Kind. Der Umgang mit Angst kann gezielt plan- und sinnvoller werden. Hilfreiche Strategien gebe ich dir noch zuhauf im Kapitel „So kontrolliert ihr eure Angst“ ab Seite 68 mit.

Und was ist mit deiner Angst?
Wie schätzt du dich ein: Hast du bereits einen plan- und sinnvollen Umgang mit Ängsten? Sicher helfen dir die folgenden beiden Kapitel noch dabei, gut einzuschätzen, wie viel Lernbedarf hier bei dir selbst noch besteht.

Geplanter, nicht sinnvoller Umgang mit Angst

Du solltest aber auch wissen, dass ein planvollerer Umgang mit Angst nicht immer sinnvoller sein muss: Ein durch und durch detailliert überlegter Plan kann ein unsinniges Ziel haben. Gefühle motivieren dich, irgendwie zu handeln, aber das Handeln kann auch ziemlicher Quatsch sein.

Denk zurück an die Möglichkeiten eines aktiven und passiven Umgangs mit Angst. Einige der im Kapitel „Angst kann euch aktiv oder passiv machen“ (ab Seite 14) angerissenen Strategien geben dir vielleicht erstmal Sicherheit, sind aber nicht hilfreich. Sie beschränken dich in deinem Leben und sorgen für weitere Ohnmachtsgefühle der Angst gegenüber, obwohl sie vielleicht gut geplant sind: Vermeiden oder Zuschlagen zum Beispiel. Die Angst bleibt auf diese Weise lebensbestimmend statt lebensbegleitend. Es gibt einige typische Beispiele für **geplante, nicht sinnvolle Strategien,** die ich dir nun vorstelle. Beobachte dich und dein Kind. Wo handelt ihr nicht sinnvoll?

Ihr vermeidet Angstauslöser

Den Angstauslösern gezielt aus dem Weg zu gehen, ist eine Strategie, die kurzfristig helfen kann, dich aber langfristig in der ohnmächtigen Position hält. Du hast dadurch keinen neuen Plan entwickelt, was du tun kannst, wenn du beispielsweise bei einer Angst vor Hunden wieder einem großen Hund begegnest oder bei Flugangst ein Reiseziel nur mit dem Flugzeug zu erreichen ist. Und unter Umständen lebst du dein Leben nicht so, wie es dir eigentlich gefallen würde, weil du dich so sehr einschränkst.

Das Gleiche gilt für dein Kind. Hier kann es aber sein, dass gar nicht dein Kind selbst die Vermeidung anstößt, sondern du. Solch eine Überfürsorglichkeit wäre kontraproduktiv: Weglaufen und Augen-zu-Machen helfen kein bisschen weiter. Es ist okay, bei Ängsten, die in der Schule auftauchen, ein paar Pausetage zu machen, um zu erkennen, was los ist und Kraft zu tanken für eine Veränderung. Es ist nicht okay, gar nicht mehr hinzugehen.

Ihr nutzt magisches Denken

Im Kindesalter, besonders zwischen 2 und 4 Jahren, ist magisches Denken eine normale Phase. Eine Fee, die einen Wunsch erfüllen kann, ein Talisman, der den Abschied von den Eltern im Kindergarten erleichtert – Ursache und Wirkung sind nicht real messbar, aber in deinem Kind entsteht das Gefühl einer klaren Kausalität: *„Ich bin mutig genug, im Kindergarten zu bleiben, wenn ich Mamas Schal mitnehmen darf.“*

Besonders, wenn ein Kind etwas nicht versteht, zum Beispiel im wahren Leben oder auch in einem Film, hilft ihm diese Art zu denken dabei, Erklärungen zu finden. Das magische Denken hilft also erst einmal und ist ein schönes Spiel, genauso wie „Anti-Monster-Sprays“, die du inzwischen im Drogeriemarkt kaufen kannst und die nicht mehr als duftendes Wasser beinhalten. Ist die Angst nur eine kurzzeitige, ist die Magie eine gute, planbare Abhilfe.

Zeigt dein Kind aber eine tiefsitzende, dauerhafte Angst, reicht das magische Denken nicht als Abhilfestrategie: Ohne Mamas Schal geht im Kindergarten und dann auch anderswo plötzlich gar nichts mehr allein. Fehlt der Schal, durchlebt dein Kind Panik. So ist diese Umgangsart teilweise nicht sinnvoll.

Panik

Während Angst erstmal nur ein Gefühl meint, umfasst Panik mehr: das Gefühl von sehr großer Angst sowie die daraus folgende heftige körperliche Stressreaktion, die nicht bewusst von der Person gesteuert wird.

Auch du als erwachsene Person kannst dich im magischen Denken verlieren, wenn du Übernatürliches nutzt, um deine Angst zu besänftigen. Beispielsweise wäre das so, wenn du dich Angstauslösern immer nur bei Sonnenschein stellst, weil die Helligkeit die Gefahr verkleinern soll. Das klingt verrückt? Manchmal kann so eine Strategie aber tatsächlich der Strohhalm sein, an den sich eine erwachsene Person klammert, weil es ihr mit ihrer Angst so schlecht geht.

Ihr sucht andere Schuldige

Manchmal tauchen auch unsichtbare Dritte im Leben von Kindern und Erwachsenen auf und bekommen immer wieder die Schuld für Situationen, die nicht so gut gelaufen sind. Dann denkt sich dein Kind einen Freund aus oder vielleicht auch ein sprechendes Tier, das das Saftglas umgeschmissen hat und abends immer wieder so laut tobt, dass es selbst nicht einschlafen kann. So ein Kumpan kann auch schnell als Schuldiger genutzt werden. Der Unsichtbare schickt dein Kind dann jede Nacht an dein Bett oder verbietet es ihm, zum lauten Kinderturnen zu gehen: *„Da kann ich nichts dran ändern, Mama!“* Auch das fällt wie das magische Denken in den Bereich der Fantasie und ist eine Erste-Hilfe-Strategie, die dein Kind zunächst sicher emotional entlastet, weil es damit keine Verantwortung mehr im Kampf gegen die Angst hat. Aber natürlich wird es damit nicht nachhaltig bewältigungsstark. Und so ist auch diese geplante Strategie nicht sinnvoll und wäre es auch bei dir nicht.

Ihr ergreift die Flucht

Sich vorzunehmen, im Moment der Angst wegzulaufen, ist ein Plan, der bei Lebensgefahr kein schlechter ist. In eurem Alltag wird diese Reaktion aber in der Regel nicht sinnvoll sein: Läufst du bei jedem Streit aus Angst vor Konflikten weg oder rennt dein Kind aus Angst vor Messern bei jedem Tischdecken davon, ist die Fluchtstrategie auf Dauer sehr hinderlich.

Ihr versteckt euch

Das Gleiche gilt fürs Verstecken vor Angstauslösern: Erst einmal ist es ein toller Plan, aber über die Zeit gewinnt die Angst, denn sie gibt vor, was du oder dein Kind machen muss.

Ihr nutzt Ablenkung

Bei kleinen Kindern kommt ein typischer geplanter, aber dauerhaft nicht sinnvoller Umgang mit Angst oft von außen: die Ablenkung. Etwa ab 2 Jahren ist sie sehr beliebt. In kleinen Schreckmomenten kann Ablenkung helfen, sogar bei Erwachsenen: Ist eine Tür laut zugeknallt und hat dein Kind darauf mit Angst reagiert, kannst du den Schrecken mildern, indem ihr beispielsweise gemeinsam etwas Schönes singt. Und hast du heute Angst, weil deine Mutter operiert wird, kann ein lustiger Film dich vielleicht gut auf andere Gedanken bringen. **Bist du in der Begleitung einer Angst deines Kindes emotional überfordert oder ist dein Kind vor lauter Heftigkeit der Gefühle zu nichts mehr zu gebrauchen, ist Ablenkung eine Möglichkeit, die du spontan ruhig mal nutzen kannst, um die Situation überhaupt bewältigen zu können.**

Bei echten, dauerhaften Ängsten ist Ablenkung aber nicht hilfreich. Solange du die Aufmerksamkeit vom Angstauslöser wegnimmst, geht es dir zwar gut. Doch wie du nachhaltig und anders mit der Angst umgehen kannst, lernst du so nicht. Sie bleibt groß und bestimmend.

Zudem ist das Ablenken von Kindern durch Erwachsene manchmal verletzend. Machst du eine lustige Bemerkung, um den Stress zu minimieren, kann es sein, dass dein Kind sich nicht ernst genommen fühlt: Da kann manchmal ein *„Guck mal, da fliegt ein Dinosaurier!“* reichen, wenn dein Kind sich eigentlich mit der gruseligen Katze befassen mag. Die Äußerung verletzt es unter Umständen stark, und das kann auf Dauer auch Einfluss auf seinen Selbstwert haben.

Ihr werdet aggressiv

Über Aggressionen hast du schon einiges erfahren. Dahinter kann sich Angst verstecken, und das kann ganz unbewusst ablaufen. Aggressives Verhalten kann aber auch geplant sein: *„Wenn mir jemand Angst* *macht, setze ich mich zur Wehr.“* Bei einer Spinne mögen manche sagen, das sei okay, bei einem Hund sieht das schon anders aus und ist außerdem riskant. Und beispielsweise bei einer Angst vor Spritzen und Infusionen, die vielleicht aus gesundheitlichen Gründen regelmäßig notwendig sind, wäre geplantes aggressives Abwehren des ärztlichen Personals alles andere als nachhaltig sinnvoll.

Eigentlich siehst du hier wieder eine Ohnmacht. Wenn du so handelst, weißt du nicht, was du Sinnvolles tun kannst, bist überfordert, fühlst dich ohnmächtig und greifst den Auslöser an, anstatt das Gefühl sinnvoll anzugehen. Gleiches gilt für dein Kind in einem ähnlichen Fall.

Zeigst du oder zeigt dein Kind häufig eine dieser geplanten und nicht-sinnvollen Wege, wenn eure Angst kommt, ist es wichtig, dass ihr euch endlich mit den guten Wegen aus dem zweiten Teil des Buches auseinandersetzt. Es geht so viel bewältigungskräftiger!

Nicht geplanter, nicht sinnvoller Umgang mit Angst

Und an dieser Stelle wird es ein bisschen schwierig, Reaktionen richtig einzuordnen. Denn Aggressionen können natürlich auch ein **nicht geplanter und nicht sinnvoller** Umgang mit Angst sein. Ebenso ist es mit den im Folgenden beschriebenen Reaktionen, die teilweise schon in Richtung Angsterkrankung gehen können.

Ich erinnere dich nochmal: Wenn der Umgang mit Angst einen Krankheitswert hat, also eine Angststörung vorliegt, heißt das, die Angst ist nicht mehr händelbar, sie erschwert das Leben außerordentlich und breitet sich vielleicht sogar auf immer weitere Bereiche aus. Ich zeige dir hier, welche Strategien das sein können.

Ihr klammert

Bei ängstlichen Kindern ist lange Zeit die Bezugsperson eine wichtige Hilfe im Umgang mit dem bedrückenden Gefühl. Das ist ein wichtiger Schritt auf dem Weg zur Selbstregulation, wie du schon weißt. Das als helfende Nähe einzuplanen ist oft erst einmal sinnvoll: Geht ihr zur Tante, die dem Kind aus irgendeinem Grund Ängste verursacht, ist es gut, wenn es auf deinen Arm darf und den Besuch trotzdem schafft. Kann dein Kind dich allerdings gar nicht loslassen und klammert extrem oder ist es nicht mehr 2 oder 3 Jahre alt, sondern 8 oder 9, wäre es mit dieser Strategie nicht gut bedient.

Du kannst gar nicht mehr immer dabei sein, beispielsweise bei Schulangst. Und ein ständiges Klammern als Mittel gegen die eigene Angst (*„Mama/Papa geht immer mit und bleibt dabei!“*) würde dem kindlichen Bedürfnis nach Selbstständigkeit im Grundschulalter stark entgegenstehen. Es würde sich als unzureichend empfinden und sein Selbstwertgefühl könnte leiden.

Gleiches gilt für dich, wenn du derartig stark auf eine Bezugsperson angewiesen bist.

Ihr werdet emotional taub

Eine weitere nicht geplante und nicht sinnvolle Reaktion bei Angst ist der Versuch, Gefühle abzustellen. Das ist eine psychische Reaktion, keine bewusste Tat. Kurzzeitig kann das mal hilfreich sein: Ist beispielsweise der geliebte Opa gestorben und spürt ein Kind daraufhin Angst um seine Eltern, kann es ihm helfen, wenn sich in ihm emotional eine gewisse Distanz zu diesem Gefühl aufbaut, solange es in der Trauerphase steckt. Dann hilft die psychische Reaktion dabei, dass dein Kind zurechtkommt.

Aber bleibt die Taubheit und werden Gefühle nahezu ausgeschaltet, hat das Ursachen, die genauer angeschaut werden müssen und die unter Umständen schwere Folgen haben können. Ein solcher Verlauf gehört in ärztliche und therapeutische Hände. Selbstverständlich auch bei dir.

Ihr geratet in Panik

Reagiert dein Kind körperlich intensiv, lässt sich nicht beruhigen und zeigt umgehend eine nicht angemessene, heftige Reaktion, ist das ein Panikmoment: beispielsweise, wenn es bei Angst vor Hunden Herzrasen und Heulanfälle bekommt, kaum noch atmen kann und ohne

Umsicht wegrennt, auch auf die nächste Kreuzung. Es gefährdet sich, anstatt sich aus der Gefahrensituation zu bringen. Kommt das nicht nur ab und an vor, sondern ständig, sind Panikreaktionen auch ein Thema für ärztliche Begleitung. Auch bei dir.

Ihr zeigt zwanghaftes Verhalten

Hat dein Kind die Erfahrung gemacht, dass ein kleines Spielzeug in der Badewanne im Abfluss verschwunden ist, ängstigt es sich vielleicht, dass das mit einem anderen Lieblingsteil nochmal passieren könnte. Geht es dann vor dem Stöpselziehen einmal gründlich mit beiden Händen durchs Wasser, um kein Spielzeug zu übersehen, wäre das ein guter, hilfreicher Plan gegen die Angst – ein sicherndes Ritual. Kann es allerdings nicht aufhören, das Badewasser immer wieder aufgeregt zu durchsuchen und will den Stöpsel nicht öffnen, kann das manchmal zu einer zwanghaften Handlung bei jedem Baden werden. Das wäre nicht gesund, denn die Angst bestimmt die Handlung, nicht dein Kind. Und sein Handeln ist unverhältnismäßig.

Zwänge sind keine seltene Reaktion auf Ängste, besonders im Kindesalter. Du musst dir vorstellen, dass die Angstgefühle in deinem Kind eine große Unsicherheit entstehen lassen: *„Meine ganze Erde wackelt.“* Die Zwangshandlungen nach außen hin stellen eine gewisse Sicherheit dagegen. Dein Kind fühlt sich aktiv im Gefühl der Angst: Es durchwühlt 35-mal das Badewasser, prüft 27-mal, ob das Plastikpferd sicher auf dem welligen Teppich steht, oder wäscht sich nach dem Buddeln im Sand 14-mal die Hände, bis die Haut ganz trocken wird. Auch du kannst solche Zwänge entwickelt haben, um dir Sicherheit vorzugaukeln.

Gerade Reinigen ist ein oft gewählter Zwang für Kinder und Erwachsene. Aber auch andere Handlungen werden genutzt – und manchmal spielt sich sogar alles nur im Kopf ab und jemand zählt beispielsweise immer bis 33, bevor er oder sie das Haus verlässt. Dagegen anzugehen ist schwer. Die Zwänge geben ein Gefühl von Kontrolle: *„Ich kann etwas tun. Meine Sicherheit wird wieder hergestellt.“* Im ersten Moment setzt dein Kind oder du eurer Angst auf diese Weise etwas entgegen, aber sie bleibt. Und der Stress ist hoch.

Auch Gedankenschleifen bleiben möglicherweise: *„Habe ich die Hände oft genug gewaschen? Ich muss sie nochmal reinigen. Da muss noch Dreck sein. Das muss alles weg!“* Damit kann die Angst noch größer werden. Zwangshandlungen gehören zur Einschätzung und möglichen Behandlung frühzeitig in therapeutische oder ärztliche Hände.

Ihr entwickelt eine Angststörung

Ist die Steuerung der Angst dauerhaft schlecht, wirkt absolut übertrieben und reagierst du oder dein Kind ständig vollkommen unpassend, ist die Angst vielleicht zu einer Störung mit Krankheitswert geworden. Das heißt, sie beeinträchtigt euer Leben nachhaltig und gehört in ärztliche Hände. Ob ihr derartig heftig betroffen seid, wird sich für dich sicher während des Lesens des Buches klären.

Ein sehr unangenehmes Ereignis, beispielsweise eine übergriffige Erfahrung im Kleinkind- oder Grundschulalter, wie Mobbing oder eine möglicherweise schwierige Elterntrennung, kann unter Umständen eine der verschiedenen Angststörungen auslösen. Nur weil dein Kind vielleicht zwei oder drei Angstthemen hat, liegt aber nicht gleich solch eine Diagnose vor. Diese Abklärung gehört wieder in ärztliche Hände.

Generalisierte Angststörung

Möglicherweise hat jemand in deinem Beisein von einer **„Generalisierten Angststörung“** gesprochen. Manchmal werden aus einer Angst plötzlich ganz viele Ängste, die den ganzen Alltag bestimmen und die Person ständig überreagieren lassen. Dass Angst sich so ausweitet, kann passieren, wenn starke Belastungen bestehen und die Ängste nicht bearbeitet werden.

Trauma und PTBS

Vielleicht hast du schon die Begriffe *„Trauma“* und *„Posttraumatische Belastungsstörung“* (PTBS) gehört. Nur wirklich sehr heftige Ausnahmeerfahrungen, wie extreme Gewalt, beispielsweise durch eine Bezugsperson, oder eine große Krise, wie die Flucht in einem Kriegsfall, können sie auslösen. Dann erlebt ein Kind oder ein Erwachsener die gemachte, beängstigende Erfahrung immer wieder. Mit typischen Ängsten bei dir und deinem Kind hat das nichts zu tun.

In welchem Fall du genauer prüfen lassen solltest, ob dein Kind tatsächlich eine diagnostizierbare Angststörung haben könnte, kannst du besonders mit den folgenden Merkmalen einkreisen.

Merkmale einer Angststörung

- Dein Kind reagiert immer übertrieben heftig in Angstmomenten, vielleicht regelrecht panisch.
- Du als seine Bezugsperson kannst ihm nicht helfen.
- Es vermeidet angstauslösende Situationen kontinuierlich, und bereits das Denken daran verursacht ihm Stress.
- Durch seine Hemmungen kann es nicht wie andere Gleichaltrige Beziehungen aufbauen und aktiv sein.
- Seine Rituale gegen die Angst haben sich zu Zwängen entwickelt, die es nicht lassen kann.

Bist du unsicher, ob das Maß zu hoch ist, als dass du die Begleitung allein leisten kannst, sprich das Thema ohne dein Kind in eurer kinderärztlichen Praxis an – lieber zu früh als zu spät. Dann ist therapeutisch oft Abhilfe möglich; zumindest die Linderung der Symptome wird häufig erreicht. Schränken die Ängste dein Kind länger als drei bis sechs lebens- und wesensverändernd ein, solltest du auf jeden Fall diesen Weg wählen.

PDA

In Elternforen fällt seit einiger Zeit häufig der fachlich nicht unumstrittene Begriff *„PDA“*. Er bedeutet *„Pathological Demand Avoidance“* und meint eine angeborene krankhafte Vermeidung von Anforderungen aus Angst heraus.

Je nachdem, wo und was du dazu liest, hast du möglicherweise schnell das Gefühl, dieser Begriff passe eindeutig auf dein Kind. Allerdings zeigen Kinder, bei denen PDA vermutet wird, wirklich sehr extreme Verhaltensweisen und oft starke Wut und Aggressionen, um Anforderungen aus dem Weg gehen zu können. Eine Beurteilung hierzu gehört immer in ärztliche Hände, auch, um eventuell andere Ursachen als die angeborene PDA in Betracht zu ziehen.

> Zeigt ein Kind ständige Vermeidung, kann das nämlich verschiedene Gründe haben, zum Beispiel Erfahrungen und bestimmte Erziehungsmethoden. Bei PDA gilt das angeborene Wesen als Ursache, bietet damit wenig Raum für Veränderung, und es besteht die Gefahr, dass andere mögliche Ursachen nicht gesehen werden.
> Teilweise wird PDA mit dem Autismus-Spektrum in Verbindung gebracht, eine solche Verbindung ist aber ebenfalls nicht gesichert.
> Sprich gegebenenfalls mit eurer kinderärztlichen Praxis. Beachte aber, dass es gut sein kann, dass der Begriff dort noch gar nicht bekannt ist.

Wichtig ist, sich bei Unsicherheiten eine versierte weitere Meinung einzuholen. Aber wichtig ist auch, dass du dein Kind nicht pathologisierst, also sofort krankredest. Ängstlichkeit bringt ganz oft nur herausfordernde Verhaltensweisen mit sich, hat aber nicht gleich einen Krankheitswert.

Siehst du bei dir selbst nicht sinnvolle Strategien im Umgang mit Angst? Findest du dich selbst in der Liste auf der vorherigen mit Merkmalen einer möglichen Angststörung wieder?
Dann vereinbare ruhig mal einen Termin mit deiner hausärztlichen Praxis und sprich darüber, damit eine Fachperson den weiteren Weg mit dir einschätzen kann.

Im Umgang mit Angst braucht es also in der Regel nicht irgendwelche Strategien, sondern dauerhaft hilfreiche, sinnvolle und nachhaltige. Dazu gehören:

- Wissen über Angst
- Entspannungstechniken
- Kontrollmöglichkeiten
- Darüber Sprechen – einerseits mit anderen, als Kind also besonders mit dem Elternteil, und andererseits in Akutsituationen auch mit sich selbst, denn es hilft, wenn ängstliche Menschen sich in Angstmomenten laut sagen, was sie jetzt tun wollen.
- vorausschauendes und -planendes Handeln

So kann die Angst zur Begleiterin werden und muss nicht zu einer Erkrankung führen.

Ihr könnt eure Angst bewältigen

Um ganz zu verstehen, was eure Angst genau ist und braucht, ist auch der Gedanke wichtig, dass sie keine übermächtige Gegnerin sein muss. Sie ist händelbar. Hab keine Angst vor ihr und nimm dich an mit deiner Furcht: *„Du bist ein ängstlicher Mensch. Und das ist total okay"* darfst du zu dir und auch zu deinem Kind sagen. Wenn Angstgefühle kommen, könnt ihr sie begrüßen, euch von ihnen begleiten lassen, solange sie euch und euer Tun nicht zu sehr bestimmen. Wie die weiteren Schritte aussehen, die dafür notwendig sind, zeigt das Kapitel „So kontrolliert ihr eure Angst" ab Seite 68.

Wie gut du und dein Kind eure Angst kontrollieren und begrüßen könnt, hängt von euren Erfahrungen ab:

- Wahrscheinlich geht es dir und deinem Kind erst einmal gut, wenn ihr eure Angstauslöser meidet. Das kann aber eben dazu führen, dass ihr irgendwann bestimmte Tätigkeiten gar nicht mehr machen möchtet. Dadurch stündet ihr euch selbst im Weg.
- Traut ihr euch hingegen immer wieder, der Angst zu begegnen, probiert verschiedene Strategien im Umgang mit ihr aus und spürt stetig weniger Ausgeliefertsein und Ohnmacht, so wird euch der Umgang mit der Angst immer leichter fallen.

Letztendlich kann niemand anderes die Probleme mit der Angst für einen Menschen lösen, nur er selbst. Du musst am Umgang mit deiner Angst arbeiten. Und du kannst deinem Kind seine Angst nicht einfach abnehmen oder sie ihm ausreden. Wenn Eltern das versuchen und in eine starke Überfürsorglichkeit geraten, bedeutet das in der Regel Überforderung auf allen Seiten und Entwicklungsstopp beim Kind in Sachen Bewältigungskraft.

Je jünger die ängstliche Person ist, desto wichtiger ist allerdings eine enge, feinfühlige Bezugsperson, die dabei hilft, Stress- und Überwältigungsgefühle zu verringern. **Ihr geht also miteinander durch die Angst – nicht du für dein Kind!**

Ab dem Vorschulalter kann dein Kind das bei vorheriger guter Begleitung immer besser ohne dich schaffen oder aber selbstständig zeigen oder sagen, dass es dich braucht. Bis es ganz und gar so weit ist, kann es aber bereits im Grundschulalter sein. Deine Unterstützung – Hilfe zur Selbsthilfe im Umgang mit Angst – und dein Verständnis schenken deinem Kind **Bewältigungskraft**, um im weiteren Leben sinnvoll und eigenständig mit seinen Ängsten umgehen zu können. Dazu gehört auch, dein Kind zuversichtlich liebevoll anzuhalten, sich seiner Angst zu stellen. Denn ohne Übung kommt man der Angst nicht bei! **Das ist bindungssicherndes, beziehungsorientiertes Erziehungsverhalten.**

Das kannst du mit all dem Wissen aus diesem Buch schaffen. Wenn du dennoch an einigen Stellen überfordert bist, ziehe Unterstützung hinzu. Auch im zweiten Teil des Buches werde ich mit dir immer wieder hinschauen, wann genau das gut sein könnte.

Eure ANGST bewältigen

SO KONTROLLIERT IHR EURE ANGST

Angst gehört zum Leben dazu. Aber sie braucht ein gesundes Maß. Sonst belastet sie dein Kind oder dich auf ungesunde Weise. Es gibt ganz viele Strategien für den Körper und den Kopf, die Abhilfe schaffen und für Erleichterung sorgen können. Hier findest du die passenden Methoden für euren Weg. Geht miteinander durch die Angst.

Nach der Lektüre des ersten Teils des Buches hast du sicher gut verstanden, was Angst ist, wie unterschiedlich sie sich zeigen kann und welchen Umgang sie benötigt, um zur Lebensbegleiterin zu werden, anstatt den Alltag zu erdrücken und zu bestimmen.

Grundsätzlicher Umgang mit Angst

Jetzt zeige ich dir, wie du es gemeinsam mit deinem Kind tatsächlich schaffst, dass niemand von euch beiden zum Opfer eurer Ängste wird. Stattdessen könnt ihr aktiv und mächtig werden. Kleine, kontrollierende Schritte machen. So sollte es funktionieren.

Liebevolles Fordern statt bloßer Konfrontation

Platte, harte Konfrontation mit Angstauslösern ist nicht die Methode, die du wählen solltest, auch wenn viele dir vielleicht dazu raten mögen.

No-Gos sind:

- Einfach mal Bekannte mit einem Hund zu euch nach Hause einladen
- Einfach mal in den See schubsen
- Einfach mal nicht da sein, sondern den Babysitter gleich zum Abholen in den Kindergarten schicken
- Einfach mal das Licht auslassen beim Einschlafen

„Einfach" ist daran gar nichts für ein ängstliches Kind. Manchmal erzählen andere vielleicht darüber, dass sie mal gehört haben, wie jemand mit Höhenangst mit verbundenen Augen auf eine hohe Aussichtsplattform geführt wurde und sich dann dort oben ohne jegliche Vorbereitung seiner Angst stellen musste: *„Konfrontationstherapie – total toll!"* Auch du würdest dich sicher nicht gut damit fühlen, wenn jemand dich derartig mit deiner Angst konfrontieren würde.

Dazu solltest du wissen, dass auch eine seriöse Konfrontationstherapie für Erwachsene nie ohne psychotherapeutische Vorbereitungen und kleine Schritte auskommt. Ja, es ist wichtig, sich den Angstauslösern zu stellen, aber niemals übers Knie gebrochen. Das kann alles noch viel schlimmer machen. Es gibt einen Mittelweg zwischen solch einem übergriffigen Showdown und absoluter Vermeidung der Angstauslöser.

Ich nenne diesen Weg **zugewandtes Zumuten.** In Bezug auf Angst ist es genau der Mittelweg zwischen dem ständigen Umschiffen von angstauslösenden Situationen und einem Hindurchzwingen voller Härte und ohne Mitgefühl.

In der Eltern-Kind-Beziehung bedeutet das:

- Du sorgst dafür, dass dein Kind Schritt für Schritt lernen und Fortschritte machen kann.
- Und dabei bleibst du zugewandt, liebevoll und mitfühlend.
- Du nimmst es ernst, bereitest das Geschehen vor und nach und beschämst dein Kind nicht für Rückschritte.

Eine echte Konfrontationstherapie im Falle einer diagnostizierbaren Angststörung funktioniert im Prinzip ähnlich: ohne Zwang, ohne Überforderung, dafür mit viel Wissen und Begleitung. Das hilft auch euch bei Angst ohne Krankheitswert.

Wenn ihr diesen Weg gemeinsam geht und auch du auf deine eigenen möglichen Ängste achtest, habt ihr bei nicht krankhaften Ängsten eine gute Chance, ohne weitere externe Hilfe aus dem Teufelskreis der Angst auszusteigen und Angst vor der Angst zu vermeiden. So könnt du und dein Kind euren Alltag immer bewältigungsstärker allein schaffen. Das ist wichtig fürs Selbstwertgefühl und für die Autonomie und für die eigene Kompetenz. In jedem Alter.

Notizen zu eurem Weg

Der Weg beginnt mit Gesprächen, die dem Alter des Kindes angemessen sind. (Dazu mehr im Kapitel „Mit deinem Kind über Angst sprechen“ ab Seite 73). Schon bei diesem Schritt des Sprechens, aber erst recht beim aktiven Angehen, Kontrollieren und Bewältigen der Angst, rate ich dir, dir immer mal wieder Notizen dazu zu machen, was ihr unternehmt und wie es läuft.

Denn sonst siehst du über die Zeit ganz leicht nur das, was nicht gut klappt, und übersiehst kleine positive Veränderungen. Oder du übersiehst, welche weiteren Erschwernisse es außer den Angstgefühlen gab, als etwas nicht gelingen wollte – zum Beispiel Müdigkeit oder Stress.

Vielleicht schaffst du dir dafür ein Tagebuch an. Das kannst du zweispaltig füllen, um dein Kind, aber auch dich selbst in den Blick nehmen zu können. So kannst du festhalten, wie dein Kind reagiert, wie sicher du bist und wie die weiteren Begleitumstände waren.

Und was ist mit deiner Angst?
Für dich selbst kann es auch hilfreich sein, dir ähnliche Notizen zum Umgang mit deinen Ängsten zu machen. Vielleicht nutzt du das Notizbuch einfach beidseitig, drehst es also um, und machst deine Notizen von der Rückseite aus.

du	ich
26.08. Gespräch über Funkgeräte	26.8. klar, sicher
27.8. Test auf dem Weg in den Keller, fast bei den Fahrrädern angekommen, erschreckt durch den Nachbarn, zu mir gelaufen	27.8. aufgeregte Begleitung, kurz enttäuscht gemeckert
29.8. Test auf dem Weg zum Briefkasten, du warst sehr müde, abgebrochen	29.8. ich wollte unbedingt, dass es heute klappt, Müdigkeit übersehen
30.8. Test auf dem Weg ins Dachgeschoss, du hast die Puppe holen können	30.8. du wolltest es wieder versuchen, ich war zuversichtlich und hab dir das auch gesagt, danach nochmal Gespräch
2.9. Test im Park, Hund kam, du kamst zurück zu mir, bist aber wieder los, warst kurz allein im Wäldchen	2.9. ich war zuversichtlich, du warst gut drauf, Ort war sehr übersichtlich und hell

Beispiel einer Tagebuchseite für ein Kind, das Angst davor hat, Wege allein zurückzulegen

Ohne deine Ängste

Wie wichtig es für dein Kind ist, ohne die Belastung deiner Ängste aufzuwachsen, hast du schon an verschiedenen Stellen gelesen. Weil das so entscheidend ist, hier noch einmal die wichtigsten Punkte:

- Ein nicht sinnvoller Umgang mit Angst bei dir kann Vorbildcharakter haben und dein Kind auf einen unguten Weg mit seinen Ängsten bringen.
- Je mehr stark ängstliche Menschen im Umfeld deines Kindes sind, desto schwieriger wird es für dein Kind, sinnvolle Umgangsarten mit seiner Angst zu erlernen und zu leben.
- Eine übermäßige Angst bei dir kann dein Erziehungsverhalten beeinflussen, sodass du aus Angst möglicherweise zu hart und herrisch wirst oder aber deinem Kind aus Sorge wichtige Entwicklungsmomente vorenthältst. Auf beiden sehr kontrollierenden Wegen hättest du dein Kind, seine Gefühle und seine Bedürfnisse nicht gut im Blick, was es auf seinem Weg des Großwerdens behindern würde. Gerade Überfürsorglichkeit fühlt sich oft erst einmal gut an für Eltern (*„Ich mache doch so viel!“*), aber du bist bei diesem Erziehungsstil emotional nicht nah bei deinem Kind. Es braucht dich als zugewandte Hilfe mit Raum für Herausforderungen.
- Deine Ängste können dein Kind überfordern, wenn du sie zu detailliert ausschmückst oder dein Kind noch zu jung ist, um damit umgehen zu können.
- Und vor allem: Wenn dein Kind sieht, dass du deine Angst anpackst, anstatt sie dir und auch ihm ohnmächtig zuzumuten, schenkst du ihm Zuversicht für den Umgang mit seiner eigenen Ängstlichkeit.

Darum solltet ihr beide Ängste ernst nehmen und bearbeiten. Darum liegt der beste Weg im Miteinander durch die Angst.

Mit deinem Kind über Angst sprechen

Was du selbst im ersten Abschnitt dieses Buches gelesen und bereits verstanden hast, solltest du als Nächstes altersgerecht deinem Kind weitergeben:

- Was ist Angst?
- Woher kommt sie?
- Was braucht Angst, um schwächer zu werden?
- Wie können kleinen Schritte miteinander aussehen?

Achte aber darauf, dass du in den Gesprächen nicht gleich die Lösungen in den Blick nimmst und einen Vorschlag nach dem anderen machst. Stell lieber auch mal Fragen, wenn dein Kind schon alt genug ist, zu reflektieren: *„Wie können kleine Schritte für dich aussehen? Welche Ideen hast du?“* Damit gibst du deinem Kind Hilfe zur Selbsthilfe und dadurch kann es wirklich reifen.

Auch für dein Kind ist es wichtig, dass es die Angst aus sich herausholt und im Reden darüber die Karten offen auf den Tisch legt und betrachtet. Das ist ein erster Schritt heraus aus dem Ohnmachtsgefühl, dass die Angst sein Leben bestimmt.

Ich zeige dir im Folgenden, wie du je nach Alter und Entwicklungsstand mit deinem Kind über das Thema sprechen kannst.

Im Alter von 0 bis 3 Jahren

Über die erste Angst im Babyjahr, das Fremdeln, hast du schon im Kapitel „Eure Angst wächst mit der Zeit“ ab Seite 22 etwas gelesen. Bis zum Alter von etwa 1 ½ Jahren braucht dein Kind keine großen Erklärungen dazu. Es nimmt vor allem aus deinem Verhalten und deinem Tonfall viel mit. Daher ist es gut, wenn du ihm knapp und zugewandt etwas Beruhigendes oder Bestärkendes sagst, aber vor allem auch Schutz und Nähe zeigst. Das ist die richtige Kombination aus Trost und aktivem Umgang mit dem Angstgefühl. Mehr zu diesem Thema auch im Kapitel „Angst vor Trennungen“ ab Seite 119.

Zugewandtes Sprechen

Sprich zugewandt mit deinem Kind, wie in den folgenden Beispielen:

- *„Ich bin für dich da."*
- *„Wir schaffen das zusammen."*
- *„Wir schauen uns das nochmal gemeinsam an."*
- *„Du kannst auf meinem Arm bleiben."*
- *„Was soll ich tun?"*

Mehr Wissen kannst du deinem Kind in dem Alter noch nicht mitgeben, aber vermutlich wirst du immer mal benennen, was du wahrnimmst: *„Oh, hast du Angst, mein Schatz? Fühlt sich das nicht gut an? Weißt du nicht, was du tun sollst?"* Und das ist genau richtig. Kleine Kinder brauchen Wörter und Gesten für ihre Gefühle.

Gesten nutzen

Immer wenn du vermutest, dein Kind könnte Angst fühlen, kannst du ihm die gleichen bestärkenden Gesten zeigen:

- eine Geste für Schrecken oder Stress, wie „Hand vor den Mund" oder „beide Hände aufs (rasende) Herz"
- und dann eine Geste fürs Miteinander, wie „dich selbst umarmen" oder „Hände ausstrecken und anbieten"

Ab 2 Jahren kann dein Kind schon deutlich mehr verstehen und in der Regel auch sagen. Seine Gefühle überfallen es aber immer noch oft unsortiert und heftig. Zeige und sage ihm weiterhin deutlich *„Das Gefühl heißt Angst"* und *„Du kannst etwas tun. Ich helfe dir."*

Dein Kind selbst wird in der Regel noch sehr simpel beschreiben, was es spürt (und statt „ich" zumeist noch seinen Namen verwenden): *„Paul schreit." „Zana weint"* oder *„Line Papa Arm."*

Verstehen kann es aber meist schon mehr. Es versteht nun viele Nomen, am besten natürlich diejenigen, die sich auf sichtbare Gegenstände beziehen: *Blumentopf* und *Brötchen* gehören dazu, *Freiheit* und *Mathematik* eher nicht. Auch Gefühle sind zunächst schwer in Worte zu fassen, aber du kannst sie greifbarer machen. Dabei hilft es wieder, Gesten parallel zum Sprechen zu verwenden. Damit wird Angst ein klarerer Begriff.

Und du kannst deine Aussagen dazu noch ergänzen, denn auch Personalpronomen wie *dein* und *mein* und Adjektive wie *schlimm* oder *groß* versteht dein Kind jetzt: *„Meine Sorge fühlt sich heute klein an.“ „Dein Kummer ist schlimm“* oder *„Deine Angst ist bei Hunden immer groß.“* So kann es sich, seine Gefühle und auch dich und deine Gefühle langsam kennenlernen.

Sich besser kennenlernen
Damit dein Kind seine Gefühle richtig gut bemerken und auch wiedererkennen kann, bezieh vieles mit ein: *„Was macht dein Körper dann?“* und *„Was macht dein Kopf dann?“* ist das, was du wissen möchtest, diese Fragen sind für dein kleines Kind aber wahrscheinlich noch zu schwer. Daher musst du ihm mit Beschreibungen helfen, die Antworten zu finden. Das können Aussagen und etwa ab 3 Jahren auch immer wieder Fragen sein:

- *„Oh, dein Körper bewegt sich jetzt ganz stark!“*
- *„Deine Hände wollen dich festhalten!“*
- *„Dein Bauch grummelt, oder?“*
- *„Dein Kopf tut dann weh?“*
- *„Dein Kopf sagt dir dann, du möchtest weglaufen?“*
- *„Was merkst du dann?“*
- *„Wo fühlst du das?“*
- *„Wer kann dir helfen?“*
- *„Welche Ideen hast du?“*
- Und immer: *„Ich glaube, das ist deine Angst?!“*

Nutze im Gespräch auch simple Beispiele und Vergleiche, damit dein Kind leichter begreifen kann, was in ihm passiert:

- *„Du atmest jetzt genauso aufgeregt wie letztes Mal an der hohen Treppe."*
- *„Du siehst so traurig aus wie neulich auf dem kleinen Spielplatz, als ich dich von dem hohen Kletterturm holen sollte."*

Damit hilfst du deinem Kind dabei, sich und seine Emotionen kennenzulernen und sich von seiner Angst bald nicht mehr ganz so überrumpelt zu fühlen. Du unterstützt es dabei, passende Wörter zu finden, um seine Empfindungen zu beschreiben und sich dir mitzuteilen. Und im Anschluss ist es wichtig, ins Machen zu kommen: raus aus der ohnmächtigen Angst.

Das Beruhigen braucht in diesem Alter noch deine Initiative. Manche Kinder zeigen rasch *„Umarme mich!" „Tröste mich!" „Nimm mich hoch!"* oder *„Bring mich hier weg!"* Und du kannst dann einfach reagieren. Andere Kinder können dieses Bedürfnis selbst nicht gut wahrnehmen und ihrer Bezugsperson nicht gut zeigen. Das nennt man *regulationsschwach*. Diese Kinder erstarren oder werden aggressiv, und du musst das Beruhigen starten, manchmal auch gegen den geäußerten Willen deines Kindes. Dann gib ihm körperliche Nähe und Halt, denn über deine Berührungen und deine Ruhe kann es seine Ruhe finden.

Den plan- und sinnvollen Umgang mit Angst könnt ihr auch in diesen jungen Jahren schon angehen. Natürlich fehlt deinem Kind die geistige und sprachliche Reife, Pläne zu durchdenken und zu schmieden und Ängste genauer zu beleuchten. Es kann sich noch nicht gut mit dir gemeinsam überlegen, dass die Begegnung mit einem Monster oder auch einem Dieb nicht besonders wahrscheinlich ist. Aber möglich ist jetzt schon ...

- Ängste in kleinen Schritten anzugehen, statt die Auslöser zu vermeiden.
- Angstauslöser genauer zu betrachten.
- erste starke Strategien zu überlegen.

Sich aktiv der Angst stellen

Bemerkst du eine bestimmte Angst deines Kindes, vermeide entsprechende Situationen nicht, sondern suche sie immer wieder in gut geschütztem Rahmen und langsam auf. Lass dein Kind durch deine Nähe und Gelassenheit spüren, dass es sich zutrauen kann, einem Angstauslöser wieder zu begegnen. Dabei geht es nicht darum, die Angst zu besiegen, sondern sie zu spüren und nach und nach zu merken, wie sie durch Verständnis und seine Strategien kleiner wird.

Verständnis kannst du schaffen, indem ihr euch die Angstauslöser gemeinsam anschaut, besonders das, was dein Kind daran noch nicht gut versteht (z. B. *„Wo kommt der Ton her?“ „Was ist das Fremde genau?“*).

Hilfsmittel für gute Strategien können sein:

- ein Kuscheltier oder Talisman
- hilfreiche Gesten von dir oder einer anderen Bezugsperson (zum Beispiel in den Arm nehmen, im Arm wiegen)
- das Einüben hilfreicher, starker Gesten oder Körperhaltungen mit deinem Kind (Wie macht ein Löwe? Wie steht ein Ritter?)
- das Einüben stärkender Äußerungen, zum Beispiel *„Geh weg!“* oder *„Ich bin stärker als du!“*
- das Einüben, um Hilfe zu bitten
- fantasievolle Helfer wie ein Anti-Angst-Spray

Mach dein Kind aktiv, damit es nicht in dem bedrückenden Gefühl verharren muss. Du (oder eine andere Bezugsperson) bist dabei noch eine ganze Weile ein wichtiges Puzzlestück. Vielleicht schafft es dein Kind, etwas gegen den Angstauslöser zu unternehmen, vielleicht schafft es einfach nur, sich Hilfe zu holen. Beides ist super.

Du solltest noch wissen: Ist dein Kind noch unter 3, sind seine Emotionen eng mit deinen verknüpft. Bist du traurig und weinst, weint oft schon ein Baby mit. Und zeigst du also selbst große Angst, kann dein Kleinkind seine Gefühle nicht gut davon abtrennen und wird zumeist recht prompt auch ängstlich reagieren. Deshalb ist es in diesem Alter besonders wichtig, dass du deine Ängste gut bearbeitest, mit anderen als mit deinem Kind besprichst und Strategien hast, um dich möglichst gut zu beruhigen, wenn dein Kind dich als Ruhepol braucht.

Im Alter von 3 bis 6 Jahren

Im Kindergarten- und Vorschulalter explodiert das Sprachvermögen regelrecht. Dein Kind kann sich stetig besser mitteilen. Seine Gefühle kann es jedoch noch immer nicht präzise einordnen: Ist das nun Angst, Traurigkeit oder Wut? Es wird sich manchmal verwirrt fühlen durch die verschiedenen Emotionen. Wichtig ist:

- Redet möglichst viel miteinander über alle Gefühle, besonders auch über die Angst, und zwar in allen möglichen Situationen. So kann dein Kind sie immer besser begreifen und beschreiben.
- Die Gespräche müssen sich nicht mehr direkt auf die Angstmomente beziehen, sondern können vor- und nachbereitend stattfinden.
- Du und seine anderen guten Bezugspersonen seid Vorbilder in vielem, speziell auch in der Gefühlsverarbeitung. Dein Umgang mit Angst ist noch relevanter als die Worte, die du darüber verlierst.

Das ängstliche Gehirn verstehen

Um deinem Kind zu erklären, dass seine Ängstlichkeit nicht falsch ist, kannst du ihm mithilfe deiner Finger beschreiben, wie unterschiedlich Menschengehirne aussehen können:

- Alle haben „Antennchen“ im Gehirn (ausgestreckte Finger), die Eindrücke von außen aufnehmen können.
- Manche haben eher nur ein kleines Antennchen (kleiner Finger), sodass sie aufregende Eindrücke kaum erfassen können. Die sind dann eher cool drauf und mutig – und zwar schon ab Geburt.

- Andere kommen mit einem dickeren Anntennchen (Daumen) zur Welt und merken dadurch immer viel von aufregenden Eindrücken. Und ihr Gehirn spürt, dass das Leben ganz schön aufregend ist, also streckt es noch mehr Antennchen aus (alle weiteren Finger einer Hand), um auch ja nichts zu übersehen und sicher durchs Leben gehen zu können.
- Und diese Kinder mit den vielen Antennchen können dann in herausfordernden Momenten ziemlich viel aufnehmen und ziemlich große Angst entwickeln. Wenn sie aber wenig Herausforderndes erleben, können die Antennchen auch wieder verschwinden, sodass nur das dicke übrigbleibt (alle Finger außer dem Daumen wieder herunterklappen).
- Meist ist das Leben aber nicht so, sondern es passiert immer wieder viel Aufregendes. Dann muss man ein bisschen nachhelfen, damit die Antennchen wieder verschwinden: sich der Angst stellen, immer wieder sinnvoll mit ihr umgehen, dann darüber reden, sich bewusst machen *„Ich habe etwas geschafft. Ich bin mit meiner Angst gut umgegangen.“* Kommen die Antennchen in schwierigen Zeiten erneut, könnt ihr immer wieder so daran arbeiten. Denn dein Kind ist kein Opfer.

Hat dein Kind das verstanden? Fühlt es sich okay damit oder vielleicht schlecht, weil es anders ist als andere? Dann kannst du ihm noch einen Gedanken mitgeben: Viele Antennchen ermöglichen natürlich eher übermäßige Ängste, aber die dicke Antenne sorgt auch dafür, dass dein Kind weniger Gefahren ausgesetzt ist. Das Gute an der Angst!

Dazu habe ich auch ein Youtube-Video aufgenommen, das du mit deinem Kind anschauen kannst:

Die Gespräche über Gefühle und Ängste müssen sich jetzt nicht mehr nur auf dein Kind beziehen. Die Emotionen anderer Menschen werden deinem Kind wichtiger und es kann sie endlich besser verstehen. Das meint, es nimmt nicht einfach hin, wenn jemand weint oder schreit oder sich ausufernd freut, sondern beginnt nach den Ursachen zu fragen. Die wachsenden sprachlichen Fähigkeiten helfen dabei, denn sie hängen eng mit dem Denken zusammen. Zusammenhänge können besser besprochen und begriffen werden, Hilfsmittel, um mit dem einen oder anderen Gefühl besser zurechtzukommen, ebenso. Und dein Kind kann Erinnerungen und Erlebnisse in ihrer Bedeutung für die Gegenwart besser verstehen: Damals war der Hund beispielsweise für jemanden beängstigend, heute hat die Person schon beim Gedanken an den Nachbarshund Angst.

Gefühle verstehen
Ergründet gemeinsam die Gefühle der anderen, egal ob es sich um echte Menschen handelt, um Figuren in Bilderbüchern oder Hörspielen oder um Plüschtiere:

- *„Warum glaubst du, hat sie Angst?“*
- *„Ihm ist XY passiert. Ich glaube, darum sorgt er sich. Oder was denkst du?“*

Du kannst auch Vermutungen anstellen und deinem Kind Fragen dazu stellen, um es noch besser einzubeziehen:

- *„Sie hat XY geschafft, darum fühlt sie sich jetzt ganz leicht, oder?“*

Damit schulst du nicht nur das Gefühlsverständnis deines Kindes, sondern auch die Fremdwahrnehmung, die wichtig ist für jede Interaktion mit anderen Menschen:

- *„Wie geht es der Person? Warum?“*

Für dein Kind bleiben seine eigenen Emotionen aber am wichtigsten. Es ist noch sehr bei sich, und das ist auch gut so, denn es muss erst einmal sich selbst verstehen, bevor es die Gefühle und Reaktionen anderer komplett begreifen und gut reagieren kann.

Beim Gespräch mit deinem Kind über seinen Umgang mit Angstgefühlen kommt ihm nun zugute, dass sein Denken gereift ist. Das heißt, euer Austausch muss nicht beim Erklären von Angst und Ängstlichkeit enden, sondern kann immer mehr darauf abzielen, was dein Kind selbst unternehmen kann. Kinder zwischen 3 und 6 Jahren könnten erste kognitive Strategien nutzen, um ihrer Angst besser Herr zu werden: In dem Alter können sie beispielsweise bewusster atmen oder ihren Körper anderweitig gezielt beruhigen und auch Selbstgespräche führen, um Aufregung herunterzukochen. Was genau hier möglich ist, erfährst du im Kapitel „Gute Strategien gegen eure Angst“ ab Seite 92.

Was dein Kind unter 4 noch stark beeinflusst: Bis etwa zum 4. Geburtstag durchleben viel Kinder die sogenannte Magische Phase. Dazu hast du schon einiges erfahren, als es um geplanten, aber nichtsinnvollen Umgang mit Angst ging. Ich vertiefe das an dieser Stelle nochmal: Kinder in diesem Entwicklungsstadium gehen davon aus, dass ganz viel, was passiert, durch Zauber ausgelöst wird und vor allem sie selbst auch viele Dinge herbeizaubern können. Das ist ein bisschen vergleichbar mit dem Aberglauben mancher Erwachsener. Aber ein kleines Kind empfindet derartige Momente tatsächlich als wahr und kann damit emotional leicht überfordert werden.

Für den Umgang mit Angst ist die Magische Phase gut und schlecht. Denn zum einen macht der Glaube ans Magische es möglich, dass dein Kind ein Anti-Monster-Spray wahrscheinlich als hilfreich empfindet. Doch zum anderen sind manche Ängste überhaupt erst möglich, weil dein Kind magisch denkt: das Gespenst, das unterm Bett auftauchen kann, der große Fels, der zu einem Krokodil werden kann. Für dich ist wichtig, dein Kind auch in seinem magischen Weltverständnis ernst zu nehmen und Ängste, die dadurch erst entstehen, am besten auch mit Magie anzugehen anstatt mit klugen Argumenten. Ein Gespräch und ein selbstgebastelter Zauberstab können manchmal Wunder wirken.

Einige Kinder fangen im Kindergartenalter an, sich für Waffen zu interessieren. Auch sehr ängstliche Kinder sieht man plötzlich mit einer Spielzeugpistole über den Spielplatz sausen. Viele Erwachsene stresst das, denn gewalt- oder kriegsverherrlichend will man sein Kind natürlich nicht erziehen. Für Kinder sind Krieg und Brutalität dabei aber oft ganz weit weg. Es geht ihnen um Macht und Stärke. Diese Wünsche wachsen aus dem Grundbedürfnis nach Kontrolle und Selbstbestimmung und zeigen sich im Spiel an ganz verschiedenen Stellen, zum Beispiel auch, wenn dein Kind dir sagt, wie du deinen Bauklötzeturm zu bauen hast. Stressen dich Spielzeugwaffen dennoch, sind Zauberstäbe tatsächlich eine mögliche, etwas friedlicher wirkende Alternative.

Was dein Kind ab 4 Jahren immer besser kann: Abstrakte Begriffe wie die bereits genannten Beispiele *Freiheit* und *Mathematik* werden ab einem Alter von 4 Jahren immer verständlicher. Besonders Gefühle kann ein Kind so auch besser unterscheiden: Angst ist etwas anderes als Wut, auch wenn sich beides schlecht anfühlt und dein Kind vielleicht auf beides ähnlich, zum Beispiel lautstark, reagiert.

Das bedeutet, dass eure Gespräche ab dem 4. Geburtstag immer hilfreicher werden und du ruhig auch bewusst auf die Unterschiedlichkeiten der Gefühle eingehen kannst. Versuche dennoch, die abstrakten Begriffe konkret greifbar zu machen, indem du nachvollziehbare Beschreibungen nutzt.

Von deinen Gefühlen erzählen

Beschreibe deinem Kind, wie ein Gefühl bei dir für Veränderungen sorgt:

- Statt „Ich bekomme Angst“ kannst du erklären: *„Ich werde dann steif und atme ganz hektisch“ oder „Mein Kopf wird dann ganz unruhig, malt sich aus, was passieren könnte, und will, dass meine Beine weglaufen.“*

- Und auch bei anderen Gefühlen kannst du es so machen: Statt *„Da meldet sich meine Wut."* kannst du beschreiben: *„Dann wollen meine Beine ein Loch in den Boden treten und meine Stimme scheint keinen Lautstärkeregler mehr zu haben."* Mach es so bildlich und nachvollziehbar, wie du kannst.
- Gleiches gilt natürlich für alle Gefühle, auch Freude oder Erleichterung, Eifersucht und Neid. Rede in passenden Situationen darüber, wenn etwas vorgefallen ist oder ihr eine Person mit derartigem Gefühl beobachtet habt.

Und dann kannst du dein Kind bitten, für sich selbst zu beschreiben, wie das Gefühl sich tatsächlich zeigt. Das erhöht sein Verständnis und sein Gespür dafür, wann welche Emotion auftaucht, und erleichtert somit nach und nach auch einen sinnvollen Umgang mit Angst.

Atmung, Herzschlag, vermehrte Bewegungen und eine gewisse Mimik (stark aufgerissene Augen und ein weit geöffneter Mund) sind typische Zeichen von Angst bei vielen Menschen. Wie ist es bei euch?

Was dein Kind unter 6 Jahren noch nicht immer gut kann: Möglicherweise kann dein Kind bis ins Vorschulalter hinein noch nicht gut verstehen, dass ein Angstauslöser nur ihm selbst Angst macht, nicht auch allen anderen Menschen. Und ebenso kann es vielleicht noch nicht gut in der Distanz bleiben, wenn andere Angst zeigen, sondern lässt sich anstecken. Gerade bei engen Bezugspersonen passiert das leicht.

Das ist nichts, was dein Kind bewusst steuert. Es kann häufig noch nicht anders, weil es im Denken noch sehr bei sich ist und sein Denken und Fühlen auch noch sehr eng verwoben sind. Erwachsene wie du können das besser trennen und zum Beispiel dem Gefühl *„Ich bin mangelhaft (weil mein Gegenüber mich so schlecht behandelt)."* einen starken Gedanken entgegensetzen wie *„Das stimmt nicht. Der andere hat heute einfach einen schlechten Tag."* Dein Kind hingegen braucht immer wieder dein Hinsehen und muss mit dir gemeinsam durchleuchten, was da in ihm los ist. Selbst wenn es manches noch nicht nachvollziehen kann, werden deine Erklärungen nachhallen.

Sensibilisieren
Erkläre deinem Kind die Unterschiede feinfühlig, damit es lernen kann, wirklich sich selbst abgegrenzt von anderen wahrzunehmen.

- *„Deine Schwester hat keine Angst vor dem hohen Kletterturm. Sie darf schon ohne uns vorgehen."*
- *„Der Junge ist schon mal von einem Baum gefallen, daher ängstigt er sich. Es ist seine Angst. Aber du bist die letzten Male immer ganz sicher geklettert, sodass du nicht hier unten warten musst. Versuche es mal mit dem ersten Schritt."*

Wenn dein Kind im Vorschulalter ist, sollte es dank deiner guten Begleitung rund um das Thema Gefühle schon vieles davon gut allein regulieren, also steuern, können. Wie du schon bei der Begriffserklärung zu *Selbstregulation* auf Seite 24 erfahren hast, ist das bei Angst jedoch häufig noch nicht der Fall. Das ist überhaupt nicht ungewöhnlich.

Es bedeutet, bei Ärger kann dein Kindergartenkind vielleicht schon bewusst steuern, dass es seine Jacke wütend auf den Boden wirft, anstatt dich zu hauen, wenn ihm das Regenwetter nicht passt. Auch Trauer kann es schon erkennen und wird dir oftmals sagen, dass es in deinem Arm Trost suchen möchte, sodass du nicht mehr orakeln musst, was mit deinem Kind los ist. Ebenso gut läuft die Selbstregulation beim Gefühl von Überraschung: Anstatt beim unerwarteten Besuch der Lieblingstante vollkommen auszuflippen, wird es das Gefühl kennen und benennen können.

Bei Angst jedoch ist Selbstregulation auch mit 5 Jahren oft noch nicht zu schaffen. Dein Kind kann dies nicht immer zuverlässig erkennen und seine Reaktion noch schwer planen oder steuern, wenn du es dabei nicht unterstützt. Dafür ist dieses Gefühl meist zu intensiv und dein Kind zu stark emotional belastet.

Fragen hilft

Dein Kind braucht dich als Regulationshilfe ...

- beim Erkennen der Angst.
- beim Beruhigen.
- vielleicht auch als Hilfe beim Entfernen aus der Situation, wenn diese überfordernd ist.
- eventuell beim Ablenken. – Ja, in diesem Alter muss nicht jede Angstsituation durchgestanden und bewältigt werden. Wenn du oder dein Kind überfordert ist, ist das total legitim.
- beim Besprechen – manchmal wieder und wieder, denn das Verarbeiten benötigt Zeit und Wiederholungen.
- als Vorbild dafür, sich erst zu beruhigen und dann zu handeln.

Frag dein Kind, was es in Angstmomenten gedacht hat:

- *„Wie hat sich das angefühlt?“*
- *„Was hat dein Körper/Kopf/Herz/Mund ... gemacht?“*
- *„Was würde dir guttun?“*
- *„Wer ärgert dich dabei? Wer hilft dir nicht gut?“*
- *„Was würdest du gern besser können?“*
- *„Was könntest du zur Angst sagen? Und zu dir selbst?“*
- *„Was denkst du über die Angst?“*
- *„Was könntest du über die Angst denken, damit sie sich weniger gemein anfühlt?“*
- *„Was würdest du gern tun?“*

Stellst du deinem Kind diese Fragen und hörst dir in Ruhe seine Antworten an, kannst du seine Angstgefühle richtig kennenlernen. Wenn du an dieser Stelle von dir erzählen möchtest, berichte nicht über deine heutigen Ängste, denn das könnte dein Kind noch überfordern. Erinnere dich lieber an dich als Kind: Wie ängstlich warst du da? Was hast du gefühlt? Was hat dir geholfen? Was hat dir nicht geholfen? Durch solches Erzählen wird dein Kind sich weniger besonders fühlen in seiner Ängstlichkeit.

Derartig fürsorglich begleitete, bindungssichere Kinder, die sich in der Regel also sehr auf ihre Eltern verlassen können, haben eine große Chance, ihre Emotionen immer besser zu verstehen und Ängsten sinnvoll zu begegnen.

Im Alter von 6 bis 8 Jahren

Mit dem Einschulungsalter ist im Gespräch mit deinem Kind nochmal mehr möglich. Was Angst ist und braucht, kannst du nun noch besser mit ihm besprechen. Seine sprachlichen Fähigkeiten sind ausgefeilt, die Grammatik sitzt und abstrakte Begriffe kann es leichter verstehen, sodass das Reden über Gefühle keine so große Herausforderung mehr darstellt.

Zur sprachlichen Entwicklung kommt die geistige und emotionale hinzu. Dein Kind kann sich im Grundschulalter nicht nur besser ausdrücken, sondern auch sich und andere besser wahrnehmen:

- Es kann unterscheiden, was es selbst fühlt und was die Gefühle anderer sind. Das bedeutet, es lässt sich auch nicht mehr so leicht von der Angst anderer anstecken, aber passieren kann es noch.
- Deine Gefühle und deine Meinung als enge Bezugsperson sind nun auch nicht mehr ganz ausschlaggebend dafür, was dein Kind fühlt und denkt. Es übt sich darin, sich von dir abzugrenzen. Doch immer wird das noch nicht gelingen.
- Dein Kind versteht, dass verschiedene Menschen auf gleiche Situationen ganz unterschiedlich reagieren können. Es weiß also, dass nicht alle seinen Angstauslöser auch schrecklich finden, und kann sich von anderen leichter abgucken, wie man in der entsprechenden Situation vorgehen kann.
- Es versteht, dass es selbst unterschiedliche Handlungsmöglichkeiten hat: Sein Angstauslöser hat vielleicht bisher immer zum Weinen geführt. Im Grundschulalter ist deinem Kind aber klar, dass es eine Wahl hat. Das ist die wichtigste Voraussetzung dafür, dass du mit ihm am Bewältigen der Angst arbeiten kannst.

- Dein Kind kann nun mehrere Handlungsideen entwickeln. Seine geistige Reife lässt es zu, dass es ganz verschiedene Pläne schmiedet, um mit Angst zurechtzukommen. Die sind sicherlich nicht immer so leicht umsetzbar. Aber die Ideen sind ein erster wichtiger Schritt zur Bewältigung, denn dein Kind fühlt sich weniger ohnmächtig, wenn ihm viel einfällt. Dieses Gefühl von Selbstwirksamkeit (*„Ich kann allein etwas unternehmen.“*) ist ein wichtiger Meilenstein im Kindesalter und gerade auch im Bereich der Selbstregulation.
- Die meisten Grundschulkinder können kontrollierter reagieren als noch im Kindergartenalter. Das gilt aber nicht für alle, denn eher regulationsschwache Kinder, die vielleicht als Baby schon durch viel Schreizeit und als Kleinkind durch häufige und lange Weinanfälle aufgefallen sind, brauchen etwas länger für diesen Entwicklungsschritt. Sie tun sich möglicherweise auch mit 6 und 7 Jahren noch schwer, ihr Handeln bei emotionaler Not bewusst sinnvoll zu steuern. Sollte dein Kind dazugehören, gib ihm Zeit und schenke ihm Verständnis. Seine Regulationsschwäche hemmt seine Möglichkeiten im Umgang mit der Angst so, wie es eine Schwäche im Kniegelenk beim Laufenlernen täte.
- Im Grundschulalter entsteht ein erstes, differenzierteres Selbstbild bei jedem Kind. Dafür achtet es darauf, wie andere es bewerten, vergleicht sich mit Gleichaltrigen und achtet insgesamt stark darauf, wie andere Menschen auf sein Tun reagieren. Die Erkenntnisse kann dein Kind dank seiner geistigen Reife allerdings auch strategisch nutzen. Sind zum Beispiel immer alle um es herum in Habachtstellung, wenn es sich ängstlich zeigt, und halten ihm dann Herausforderungen vom Leib, kann es sein, dass es sich anpasst. Seine Strategie hieße dann Vermeidung und wäre die Reaktion auf den gefühlten Stress des Umfeldes, wenn es sich Angstauslösern stellt. In diesem Alter muss also nochmal genauer hingeschaut werden, was Ursache und was Wirkung ist.

- Ab etwa 6 Jahren werden Kinder insgesamt geschickter im sozialen Miteinander. Sie versetzen sich in ihr Gegenüber und können sich anpassen, beispielsweise, um höflich zu sein. Das kann aber auch bedeuten, dass dein Kind seine Angst gerade deshalb leider manchmal versteckt. Sie bleibt aber da und sorgt in deinem Kind für Stress. Auch hier solltest du unter Umständen genau hinschauen. Mimik und Gestik sowie besonders die Augen verraten die wahren Gefühle meist gut.

All diese Entwicklungsschritte bedeuten für eure Gespräche neue große Chancen. Um Angst zu erklären, kannst du jetzt ein bisschen tiefer gehen. Und kannst auch höhere Anforderungen an dein Kind stellen.

Leicht verständlich erklären
Sprich mit deinem Kind:

- *„Die Angst passiert vor allem in deinem Kopf. Weil du besonders achtsam bist und dir viele Gedanken machst. Dann springt ein Warnsystem an. Aber du kannst üben, es wieder abzuschalten, damit es dir nicht den Tag verdirbt."*
- *„Die Angst aus deinem Kopf wandert auch in deinen Körper. Erinnerst du dich an dein Herzklopfen und die aufgeregten Hände? Und das macht deine Sorgen im Kopf dann nochmal schlimmer. Da kannst du auch gegensteuern. – Hast du schon eine Idee, wie das gehen kann?"*
- *„Die Angst ist manchmal so groß, dass du etwas gar nicht machen magst, worauf du vielleicht eigentlich Lust hast, oder? Ich kenne das auch. Und ich mag nicht, dass die Angst das entscheidet. Ich glaube, du hättest es vielleicht auch gern anders?"*

Erkläre Angst und die dazugehörigen Abläufe. Beschreibe, dass Bewältigung gut ist und welche Erfahrungen du damit gemacht hast. Auf dieser Grundlage könnt ihr euch dem persönlichen Angstauslöser deines Kindes nähern und Strategien finden.

Mein Buch „Ups, ich habe Angst“ (humboldt, 2024) kann dir bei diesen Gesprächen helfen. Die Vorlesegeschichte rund um den 8-jährigen Lasse enthält viele Impulse, um mit deinem Kind ins Reden zu kommen – und einiges zu lachen gibt es auch, denn so fällt deinem Kind die Arbeit an der Angst sicher ein bisschen leichter.

Versuche, nicht genervt zu reagieren, selbst wenn dein Kind sich häufig verängstigt zeigt. Durch die oben genannten geistigen Fortschritte könnte dein Kind sonst nämlich damit anfangen, sich zu verstellen, Ängste nicht mehr zu zeigen, wobei der innere Stress aber natürlich bliebe. Das wäre für einen bewältigungsstarken Umgang mit Angst nicht hilfreich. Du kannst dir und anderen sagen: *„Wir sind auf dem Weg. Mein Kind braucht noch Zeit zum Üben.“*

Auch wenn du verängstigt auf seine Ängstlichkeit reagierst *(„Was soll nur aus ihm werden, wenn er in der Schule immer so panisch reagiert? Das wird sicher ganz schlimm!“)*, besteht die Gefahr, dass dein Kind beginnt zu schauspielern und sich vermehrt zu kontrollieren, um dich nicht zusätzlich zu belasten. Dann arbeite vor allem auch an deinen Ängsten, wie im Kapitel „Das musst du über deine Angst wissen“ ab Seite 43 beschrieben.

Wenn du bemerkst, dass es deinem Kind sehr schwerfällt, zu formulieren oder überhaupt erst herauszufinden, was es mit seiner Angst auf sich hat, versuche, eine schriftliche Brücke für weitere Gespräche zu bauen: Bitte dein Kind, drei Dinge aufzuschreiben, die seine Angst erklären könnten. Und notiere selbst drei Vermutungen. Damit könnt ihr ins Gespräch kommen. Dein Kind kann manches ausschließen und anderes endlich gut feststellen, sodass ihr von da aus weiter vorangehen könnt.

Stellst du fest, dass dein Kind versucht, seine Ängste herunterzuspielen und zu verstecken, während du eindeutig merkst, es hat nach wie vor Angst, braucht es unbedingt deine Unterstützung. Das muss nämlich nicht an dir liegen. Vielleicht ist deine Begleitung schon großartig. Das Leugnen von Angst kann auch von außen verursacht werden, weil vielleicht die Freunde oder Freundinnen immer lachen oder die Großeltern kritisch über die Ängstlichkeit gesprochen haben. Signalisiere deinem Kind, dass Angst kein Grund ist, sich zu schämen.

Oder merkst du vielleicht nicht nur ein Herunterspielen der Angst, sondern starke Verhaltensveränderungen bei deinem Grundschulkind? Möglicherweise einen immer stärkeren Rückzug oder im Gegenteil ein häufiges Stören und die Konfrontation anderer Personen? Auch das kann daher kommen, dass dein Kind sich in seinem Angstgefühl unsicher, abgelehnt oder „nicht richtig" fühlt. Es braucht mehr Gespräche mit dir darüber, dass Angst normal und häufig ist und jeder Mensch lernen kann, besser mit ihr umzugehen. Es wird ihm guttun, wenn du Erinnerungen daran teilst, welche Ängste du als Kind hattest. Und sinnvoll kann auch sein, euer Umfeld mehr dafür zu sensibilisieren, was dein Kind braucht: nämlich ganz sicher kein Abwiegeln, Auslachen oder Beschämen. Sonst versteckt es seine Angst.

Im Alter von 8 bis 10 Jahren

Du hast schon lesen können, dass sich etwa ab 8 Jahren noch etwas in deinem Kind verändert. Es ist nun langsam so von dir abgegrenzt, dass ihr in beide Richtungen miteinander durch die Angst gehen könnt: Du kannst ihm helfen, seine Ängste neu anzugehen, aber dein Kind kann auch mit dir in einem gemeinsamen Projekt aktiv werden, damit auch du Angst besser händelst. Es kann jetzt unbelasteter hören, dass es dir ähnlich geht wie ihm. Und dieses Gefühl von Gemeinsamkeit ist oft ein guter Antrieb, um an einer Herausforderung wirklich nachhaltig zu arbeiten.

Wenn du mit deinem Kind sprichst, erwähne also nicht mehr nur deine erinnerten Ängste aus der Kindheit, sondern auch Sorgen von heute. Lass es bei dir und deinen Gefühlen andocken. Sprich darüber, wo es dir noch schwerfällt, die Angst nicht zur Bestimmerin werden zu lassen. Entdeckt Gemeinsamkeiten und hör dir an, was dein Kind über deine Ängstlichkeit denkt oder welche Ideen es dazu hat.

Zu zweit aktiv werden

Um deinem Kind zu erklären, was Angst ist, kannst du die Impulse aus dem vorherigen Unterkapitel nutzen, aber zum einen eben deine heutigen Gedanken und Probleme mehr einfließen lassen und zum anderen nochmal tiefsinniger, abstrakter mit ihm hinschauen:

Schau nochmal in das Kapitel „Das musst du über eure Angst wissen“ ab Seite 43. Daraus kannst du deinem Kind nun einiges mitgeben, zum Beispiel, dass die Auseinandersetzung mit den Ängsten wichtig ist, um nicht krank zu werden, oder dass oft nur Gedanken eine Rolle spielen, gar nicht tatsächliche Schrecken. Ebenso kann dein Kind nun noch besser verstehen, warum es wichtig ist, Ängstlichkeit anzunehmen und zu bearbeiten und nicht einfach zu verdrängen und abzutun.

Startet ein gemeinsames Projekt: *„Mir geht es sehr ähnlich wie dir. Viel zu oft sagt meine Angst mir, was ich machen kann und was nicht. Ich möchte das aber selbst entscheiden. Gern würde ich mit dir schauen, welche Hilfsmittel für dich gut wären. Und magst du das Gleiche für mich tun? Vielleicht können wir uns auch gegenseitig Aufgaben geben, um mit unserer Angst zu arbeiten?“* Denn ob man den inneren Schweinehund überwinden will, um endlich mehr Sport zu machen oder weniger Ungesundes zu essen oder aber um sich mit seiner Angst zu befassen – es ist immer einfacher, wenn man sich gegenseitig erinnern und motivieren kann.

Und fürs Tiefgründige noch ein Gedanke: *„Menschen achten immer nur darauf, was passiert, aber nicht darauf, was nicht passiert. Sie registrieren, wenn ein Müllauto vorbeifährt, aber nicht die Zeiten, in denen keines kommt. Dabei wäre das gerade bei Angst so wichtig, und gemeinsam können wir das ändern: Wir können uns gegenseitig darauf aufmerksam machen, wenn die Angst nicht aufgetaucht ist. Das ist nämlich sicher ziemlich oft so. Und ich glaube, dieser positive Blick kann uns stärken."*

Wenn du von deinen alten oder aktuellen Ängsten sprichst, verzichte auf Details, die nicht altersgerecht wären. Dein Kind ist im Grundschulalter und kann noch nicht alles gut abstrahieren und nicht mit jedem beschwerlichen Detail gut umgehen. Waren deine Eltern gewaltvoll im Umgang mit dir, hast du einen Einbruch oder Überfall erlebt, gab es schlimme Nachrichten oder Krankheiten, die deine Ängstlichkeit beeinflusst haben, dann erzähl davon wie in Überschriften: *„Das ist passiert! Und damit ging es mir nicht gut."* Aber lass die Einzelheiten weg, die noch überfordern könnten. Manches aus der eigenen Geschichte kannst du erst besprechen, wenn dein Kind selbst kein Kind mehr ist.

Gute Strategien gegen eure Angst

Nun geht es wirklich an den sinnvollen Umgang mit Angstgefühlen und beängstigenden Situationen: Ihr braucht Strategien. *„Was mache ich, wenn …? Was kann ich unternehmen?"* Dein Kind abzulenken ist, wie schon beschrieben, nur in Ausnahmefällen okay, denn dabei lernt dein Kind nicht, selbst und aktiv mit Angst umzugehen. Stattdessen braucht es Pläne, um Schritt für Schritt tätig werden zu können. Ich gebe dir in diesem Kapitel einen **6-Schritte-Plan gegen die Angst** sowie weitere Hilfsmittel mit.

Dabei hilft das Wissen, dass dein Kind nicht allein ist. Es bekommt Unterstützung und es ist nicht der einzige ängstliche Mensch auf dieser Welt.

Dabei hilft nicht, Ängste zu vermeiden, Ängste in Aggressionen auszuleben, in Gedankenschleifen hängen zu bleiben oder aufzugeben und die Angst gewinnen zu lassen.

Das aufzuzählen ist leicht, es umzusetzen nicht immer. Aber du darfst dich und dein Kind immer wieder an diese Punkte erinnern.

Der Körper, die Gedanken und das Verhalten brauchen Hilfe, um die Angst in den Griff zu bekommen. Auf diesem Weg wird es wahrscheinlich immer wieder Stolperer, Hindernisse und Rückschritte geben. Das ist nämlich auf jedem Weg so, egal ob man lernt, Schach zu spielen, ein patenter Elternteil zu werden oder eben mit Angst umzugehen.

Aber dieser Plan gibt einen Weg vor, an dem ihr euch festhalten könnt. Regelwerke geben Sicherheit. Das ist bei Angst ein wichtiger Punkt.

Außerdem kannst du dein Kind wie folgt unterstützen:

Bleib zuversichtlich

Fühlt sich der Weg im Umgang mit der Angst für dein Kind zeitweise hoffnungslos an, braucht es Zuspruch von dir. Manchmal muss der sehr bestimmend sein: *„Aufgeben ist keine Option!“*

Ein Kleinkind braucht dich dann als Initator oder Initatiorin, um immer wieder in geschütztem Rahmen ganz vorsichtig den Angstauslösern zu begegnen. Ein Grundschulkind braucht weiteres Reflektieren mit dir. Und oft braucht dein Kind auch mitfühlendere Worte:

- *„Es geht gerade nicht? Das ist manchmal so. Angst ist ganz schön stark. Dann müssen wir das Üben nochmal ein bisschen verändern.“*
- *„Es wäre gut, wenn du noch kleinere Schritte machst. Vielleicht können wir sowas wie einen Kompromiss finden? Was denkst du ist gerade machbar?“*

Mein 6-Schritte-Plan gegen eure Angst

Der beste Ablauf für den Umgang mit Angst sieht so aus:

1. **Wissen** – Du weißt schon viel über Angst. Auch dein Kind sollte sich immer mehr Wissen dazu aneignen, um dieses Gefühl gut zu verstehen. (Dank der vorausgehenden Kapitel kannst du mit deinem Kind altersgerecht über Angst sprechen und sie ihm erklären.)

2. **Helfen** – Deine Begleitung ist im Moment dieses Buch. Dein Kind sollte sicher sein, dass es auf seinem Weg ebenfalls Begleitung bekommt. Durch dich, andere Bezugspersonen und im Bedarfsfall auch professionelle Hilfe.

3. **Wahrnehmen** – Um mit Angst plan- und sinnvoll umgehen zu können, ist es hilfreich, frühzeitig zu bemerken, wann das Gefühl in deinem Kind oder dir aufkommt. Das lernt ihr hier im Buch als Nächstes gemeinsam in den Kapiteln „Mit Körpereinsatz gegen eure Angst“(ab Seite 99) und „Mit gelenkter Aufmerksamkeit gegen eure Angst“ (ab Seite 104).

4. **Planen** – Wenn ihr eure Angst erkennen könnt, bedeutet ein plan- und sinnvolles Umgehen mit ihr, dass ihr euch im Umgang mit dem Gefühl bestärkend selbst anleitet. Im akuten Angstmoment brauchst du oder dein Kind also Strategien für den Körper und den Kopf:
   - Unter 6 Jahren **körperliche Entspannung:** Wie kann ich mich entspannen? Wie kann ich meine körperlichen Reaktionen kontrollieren? Was kann ich mir sagen, was ich tun oder lassen will? Wie kann ich spüren, dass ich gerade fest und sicher im Leben stehe?
   - Über 6 Jahren zusätzlich **mentale Entspannung:** Mit steigendem Alter braucht dein Kind immer mehr gedankliche Auseinandersetzung mit der Angst, vor- oder nachbereitend zu akuten Angstmomenten: Ist meine Angst realistisch? Wie wahrscheinlich

ist das Auftreten des Angstauslösers und dass wirklich etwas Schreckliches geschieht? Was kann ich vorplanen? Inwiefern kann ich vorausschauend handeln? Mit wem kann ich wie darüber sprechen und reflektieren? Und das Gleiche gilt natürlich für dich, wenn du eigene Ängste hast.

Auch das lernt ihr in den folgenden Kapiteln, vor allem in „Mit gelenkter Aufmerksamkeit gegen eure Angst" (ab Seite 104), „Mit klugem Kopf gegen eure Angst" (ab Seite 105) und „Mit Entspannung gegen eure Angst" (ab Seite 108).

5 **Üben** – Nach dem Erkennen, Planen und Lernen kommt die Praxis: Du und dein Kind müsst eure Strategien ausprobieren. Damit Angst zur Begleiterin und nicht zur Bestimmerin des eigenen Lebens wird, ist es wichtig, immer wieder zu spüren, dass ein guter Umgang mit Angst tatsächlich gelingt.

Für dein Kind ist das der Weg zur Selbstregulation: Sein Umgang mit der Angst wird planvoller, kontrollierter, und die Dauer des Angstgefühls wird nach und nach kürzer, die Intensität nimmt ab.

Im akuten Angstmoment und auch nach dem Üben ist die körperliche Entspannung so wichtig. Mittendrin kannst du es anfangs auch fragen: *„Wie geht es dir gerade? Was tust du gerade?"* und *„Bist du gerade ganz hier? Stehst du fest auf dem Boden?"* So wird das Beruhigen von Körper und Gedanken zu einem immer bewussteren Vorgang.

6 **Nachbereiten** – Der letzte Punkt ist wieder Reflexion: Ist dein Kind noch klein, erledigst du das, ist es größer, macht ihr es gemeinsam. Du oder ihr analysiert: Wie gut funktionieren die Strategien? Wie verändert sich das Angstgefühl? Was hat noch nicht gut geklappt? Wo muss nachjustiert werden? Welche Faktoren erschweren eigentlich gute Strategien dann doch wieder? Versucht, optimistisch und mutig zu bleiben. Zutrauen ist eine wichtige Basis, um aus Ohnmachtsgefühlen zu entkommen.

Lass dein Kind mitbestimmen

Wenn dein Kind geistig so weit entwickelt ist, dass es mit dir über Angst sprechen und nachdenken kann, ist es auch so weit, dass es die Größe der kleinen Schritte selbstbestimmt. Nicht du sagst ihm, wie groß sie sein müssen. Es ist wichtig, dass dein Kind das selbst wählt. Auch das hilft, aus dem Gefühl der Ohnmacht herauszukommen. Es geht den Weg mit der Angst selbstbestimmt! Und das gleiche gilt natürlich für dich.

Nutze die Angstkurve

Mit einem Grundschulkind kannst du so tief ins Thema einsteigen, dass du mit ihm seine Angstkurve anschaust:

Lass es eine Linie malen, die zeigen soll, wie hoch seine erwartete Angst ist, wenn es an seinen Angstauslöser denkt. Es soll sie umso weiter oben auf das Blatt malen, je stärker sie ist.

Dann lass es mit einem Pfeil markieren, wohin sich sein Angstgefühl in der angstauslösenden Situation wohl entwickeln wird: die meisten werden einen dicken Pfeil nach oben malen. Kinder haben Angst, dass die Angst immer schlimmer wird.

Wenn dein Kind mehrfach eine gefundene Strategie angewendet hat, ermutige es, das tatsächliche Angstgefühl auf dem gleichen Blatt einzutragen. Wie hoch war das Angstgefühl? So hoch wie befürchtet? Und ist die Angst immer heftiger geworden oder was ist passiert, als es seine Strategie angewandt hat?

Damit dein Kind das gut beantworten kann, kannst du es bitten, seine Augen zu schließen und sich ganz auf seinen Körper zu konzentrieren. Was ändert sich, wenn dein Kind im Kopf die strategischen Maßnahmen ergreift?

In der Regel fällt das Angstgefühl schnell merklich ab, sobald eine Methode gegen das Ohnmachtsgefühl gesetzt wird. Ist das jetzt noch nicht so, wiederholt das Aufmalen nach einiger Zeit wieder. Bei weiteren Wiederholungen wird die Kurve wahrscheinlich immer niedriger werden. Diese Veranschaulichung kann deinem Kind begreifbar machen, dass es wirklich etwas bewirken kann und dass die Realität nicht der Erwartung entspricht.

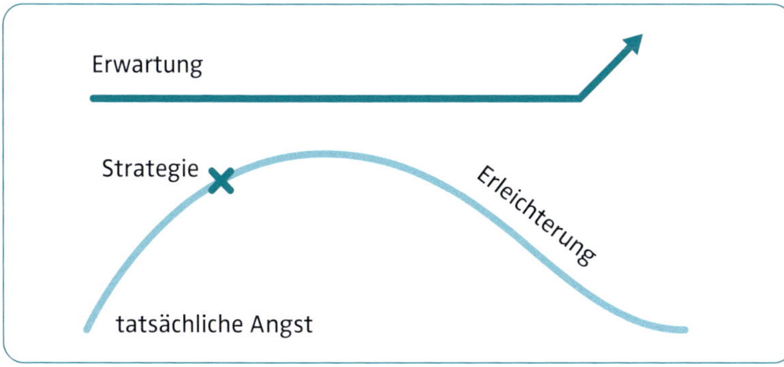

Beispiel für eine Angstkurve, die den Unterschied zwischen erwarteter und tatsächlicher Gefühlsintensität zeigt

Nimm weitere Hilfe in Anspruch

Ein letzter Gedanke ist an dieser Stelle noch wichtig: Du bekommst Verständnis, Ideen, Handwerkszeug und gibst alles deinem Kind mit. Ihr redet, übt, lasst euch Zeit. Das ist ganz wunderbar. Ihr geht miteinander durch die Angst! Die Wahrscheinlichkeit ist hoch, dass dein Kind so zum Bestimmer über seine Angst werden kann. Doch es gibt keine Garantie, dass ihr das zusammen schafft. Manchmal braucht es irgendwann doch nochmal professionelle Hilfe.

Siehst du nach einem halben Jahr intensiven Übens keine Fortschritte, verzweifelt nicht. Das kann passieren. Dann nimm als erstes einen Beratungstermin in eurer kinderärztlichen Praxis in Anspruch – ruhig zunächst ohne dein Kind. Und siehst du für dich und deine Angst eine Stagnation, suche nach einer ähnlichen Frist gegebenenfalls ärztlichen Rat für dich selbst.

Dein Kind sperrt sich

Wenn du mit deinem Kind über seine Angst sprichst und mit ihm den 6-Schritte-Plan starten möchtest, kann es gut sein, dass es sich erst einmal dagegen wehrt. Vielleicht möchte es nichts davon hören, hält sich sogar die Ohren zu, läuft weg oder beschimpft dich sogar. Es spürt nämlich, dass es etwas leisten muss, Kraft investieren sollte und dass das Gespräch ungute Gefühle auslösen kann. Da ist eine Abwehrhaltung nicht ungewöhnlich. Oft erreichst du dein Kind dann leichter, wenn du erst einmal nur über deine oder irgendeine Angst sprichst oder aber wenn du einen „Mittelsmann“ nutzt, wie zum Beispiel ein sprechendes Kuscheltier. Das bringt etwas Spielerisches und Distanz in die Thematik und lässt die unguten Gefühle nicht so tief werden.

Deine Haltung und Aussagen deinem sich sperrenden Kind gegenüber sollten zuversichtlich und möglichst druckfrei sein:

- *„Ich glaube, du kannst das anders.“*
- *„Ich möchte dir helfen, selbstständiger damit zurechtzukommen.“*
- *„Erinnerst du dich, wie schwierig es war, bis du XY das erste Mal geschafft hast? Aber danach hattest du so viel Freude. Diesen ersten schweren Schritt möchte ich auch hier mit dir gehen.“*

Du kannst auch ein Bild nutzen: Die unguten Gefühle (also die Angst, aber vielleicht benennst du sie nicht ständig so) sind wie eine hohe Schwelle oder ein kleines Mäuerchen. Dahinter liegt das, was Spaß macht oder was zu schaffen ist und gute Gefühle macht, wenn man es erledigt hat. Die Schwelle oder Mauer zu überschreiten ist anstrengend, also mag dein Kind eigentlich davor stehen bleiben. Damit entgeht ihm aber das gute Gefühl dahinter. Du wünschst ihm, dass es sich nicht ausbremsen lässt, und möchtest deshalb mit ihm überlegen, welche kleinen Hilfsmittel wie Leitersprossen funktionieren können, damit dein Kind die Sperre bewältigen kann. Und du möchtest auch mit ihm schauen, was es sich Gutes tun kann, wenn es auf der anderen Seite angekommen ist und sich nicht gleich gute Gefühle einstellen. Weil du an dein Kind glaubst. Es kann das schaffen!

In diesem Bild könnt ihr bleiben und es weiter nutzen für die Herausforderungen, die sich noch auftun.

Sollte dein Kind sich anhaltend weigern, sich dem Thema zu öffnen, bleib mit Zuversicht dran. Druck und Distanz werden nicht helfen, aber Beharrlichkeit und Zuwendung.

Mit Körpereinsatz gegen eure Angst

Im 6-Schritte-Plan gegen die Angst (Seiten 94 und 95) steige ich jetzt mit dir bei den Punkten 3 und 4 ein, **Wahrnehmen und Planen.** Denn die Schritte davor – deinem Kind Wissen über Angst mitgeben und verstehen, warum und wie du es gut begleiten kannst – hast du mit deinem Kind mithilfe des Ratgebers bereits absolviert. Nun geht es darum, dass es mit dir lernt, Angst wahrzunehmen und mit den ersten Anzeichen planvoll umzugehen.

Die Angst sitzt nämlich nicht nur im Kopf, sondern sie zeigt sich intensiv körperlich. Das kann sehr unterschiedlich aussehen:

- Im Akutfall können sich im Körper Herzschlag und Atmung verändern. Der Hals kann eng werden und der Bauch sich geradezu verknoten.
- Manchmal rührt sich innen noch mehr, besonders bei langfristigen Angst- und Überforderungsgefühlen kann die Verdauung sensibel reagieren und es kommt zu Bauchschmerzen, Blähungen oder Durchfall.
- Nach außen hin sichtbar wird die Angst oft in der Motorik: Muskeln werden stärker angespannt, Energie muss raus. Vielleicht boxt oder tritt dein Kind, kratzt oder springt.
- Manchmal reagiert der Körper motorisch aber auch gar nicht mehr, sondern fällt in eine Art Schockstarre. Dann kann ein Anzeichen wie Herzklopfen oder gar -rasen besonders intensiv wahrgenommen werden.
- Auch Sinnesorgane reagieren oft: Die Augen verändern sich und werden weit oder die Gesichtspartie um den Mund reagiert mit Anspannung und Öffnung der Lippen.
- Eine eher positive Reaktion gibt es aber auch: Die beim Auftauchen von Angst ausgeschütteten Hormone machen wachsam und konzentriert. Das heißt, dein Kind hat eine gute Chance, aus der Ohnmacht ins Machen zu kommen.

Je nachdem, wie sich die Angst genau körperlich zeigt, haben alle die Chance gegenzusteuern. Fangen beispielsweise die Hände an zu zappeln, kannst du dich selbst an die Hand nehmen, um sie zur Ruhe zu bekommen. Und das Gleiche gilt für dein Kind. Jeder kann üben, sich selbst erst physisch zu beruhigen, bevor die Gedankenkraft als Strategie dazukommt.

Die Angst im Körper lokalisieren
Nähere dich dem Angstgefühl mit deinem Kind ab dem Kindergartenalter langsam an. Malt einen Körperumriss von dir und deinem Kind – in klein oder aber in lebensgroß auf eine Tapetenrolle. Und dann zeichnet ein:

- Wo im Körper sitzt die Angst?
- Welche Farbe hat sie? Welche Größe? Welche Form?

Darauf kannst du dich in euren weiteren Gesprächen beziehen.

Überlege oder beobachte, wie sich Angst bei dir zeigt. Und schau hin, welche körperlichen Regungen dein Kind bei Angstgefühlen hat.

Bis dein Kind etwa 3 Jahre alt ist, unterstütze es am besten in den akuten Momenten. Reagiere auf seine körperlichen Anzeichen und steuere mit ihm zusammen gegen. Werden beispielsweise seine Hände und Arme angespannt und aktiv, versuche, sie so zu führen, dass es sich selbst umarmt, streichelt oder anfasst. Klopft sein Herz heftig, führe seine Hand auf die Brust. Sprich dabei aus, was du machst, wie zum Beispiel:

- *„Ich helfe dir, ruhiger zu werden. Spürst du die Wärme und Ruhe deiner Arme?“*
- *„Wenn deine Hand so auf deiner Brust liegt, hilfst du deinem Herz, ruhiger zu werden. Dann kann die Angst es nicht so packen.“*

Du leitest dein Kind an, mit dir und irgendwann ohne dich Beruhigung finden zu können. Ab dem Vorschulalter kannst du mit deinem Kind noch detaillierter darüber sprechen:

- *„Meine Angst merke ich vor allem hier (z. B. an der Mundpartie). Mir hilft es dann, meine Hände links und rechts neben den Mund zu legen und ihn langsam aus der Anspannung zu streicheln."*
- *„Wie ist es bei dir? Ist dir schon aufgefallen, was dein Körper macht?"*
- *„Ich habe beobachtet, dass die Angst sich bei dir auch zeigt. Ich sehe es bei dir vor allem im Bereich XY."*
- *„Hast du eine Idee, wie du deinen Körper an der Stelle beruhigen könntest?"*
- *„Stell dich mal so hin, dass du dich ganz wach und stark fühlst. So, dass du richtig merkst, dass du jetzt sicher in diesem Moment bist."*

Bei den Ideen wird dein Kind möglicherweise dich ins Spiel bringen, denn natürlich wäre es eine Hilfe, wenn du es streichelst, in den Arm nimmst oder ihm etwas Hilfreiches sagst. Es geht aber darum, dass es nun allein in die Regulation findet. Animiere es also zur Ideensuche: *„Und was kannst du allein für dich tun?"*

Akute Hilfe: Die oben genannten Beispiele sind alles Strategien für den Angstmoment. Im Akutfall reagiert der Körper und dein Kind kann lernen darauf zu achten und aktiv etwas zur Regulation beizutragen.

Außer ganz direkt auf einen bestimmten Körperteil zu reagieren, kann dein Kind auch anders aktiv werden und lernen, seine Stimme oder seinen ganzen Körper einzusetzen und Musik zu nutzen. Denn Musik ist durch und durch emotional; rhythmische Laute oder Bewegungen haben ganz viel beruhigende Kraft. Was kann dein Kind im

Akutfall schaffen: singen, pfeifen, summen, lachen oder sogar tanzen? Was schaffst du? Versucht es mal gemeinsam, wenn ein angstauslösender Moment ansteht. Das funktioniert oft schon im Kleinkindalter.

Vorbeugende Hilfe: Damit ein ängstliches Gehirn im Akutfall nicht mehr so heftig anspringt, ist es sinnvoll, auch außerhalb der herausfordernden Momente etwas für die körperliche Ruhe zu tun. Du kannst dein Kind unterstützen, nach und nach entspannter zu werden.

Wer starke Angst zeigt, ist häufig auch sehr empfindlich im Bereich Wahrnehmung. Reize aus der Umwelt oder aus dem eigenen Körper wirken stärker als bei anderen Menschen. Zum Beispiel hört eine unempfindliche Person Geräusche, kann aber dabei gut dem weiter nachgehen, was sie gerade tut. Eine wahrnehmungsempfindliche Person hört all diese Geräusche vielleicht extrem laut und kann sich dadurch schlecht auf etwas anderes konzentrieren, ist angespannt und reagiert heftig, wenn ein weiterer Reiz oder eben etwas Beängstigendes hinzukommt.

Das heißt, es wird deinem Kind guttun, wenn du seine Wahrnehmungsentwicklung förderst, damit es ankommende Reize besser und stressfreier verarbeiten kann.

Den eigenen Körper gut kennen

Die Strategien für die Akutmomente haben schon viel mit Wahrnehmung zu tun, aber es ist hilfreich, wenn dein Kind seinen Körper nicht nur hinsichtlich der Angstreaktionen gut wahrnimmt. Dafür kannst du mit deinem Kind zum Beispiel seinen Körper genauer anschauen:

- Zeichnet den Umriss eurer Körper auf große Pappbögen oder eine Tapetenrolle.
- Benennt alle Körperteile exakt und lernt sie kennen.
- Hört auf Magengeräusche, schaut auf die Gesichter beim Gähnen, auf die Lippen und Nasenflügel beim Atmen nach einem Lauf.
- Lass dein Kind viel selbst mit den Händen machen, besonders in der Küche oder bei der Balkon- oder Gartenpflege.

Und du kannst mit deinem Kind immer wieder spielerisch den Fokus auf nur einen Sinn richten:

- Haltet euch die Ohren zu und schaut nur: Was ist alles grün? Was ist alles rund? Was ist alles ganz nah dran?
- Macht die Augen zu und riecht nur mal: Was lässt sich erschnuppern? Wie riecht es auf der Kellertreppe? Wonach duftet der Baum vorm Haus?
- Oder schließt die Augen und konzentriert euch nur auf die Geräusche: Was ist nah dran? Was ist weit weg? Was ist laut? Was ist leise, aber doch zu hören?

Mehr Input zur Wahrnehmungsförderung findest du in meinem Buch „Mit allen Sinnen wachsen“ (humboldt, 2023). Für dich selbst und deine Wahrnehmung kannst du daraus sicherlich auch einige Aha-Momente mitnehmen.

Und wie steht es um euren Alltag? Viele entspannte Tage ohne Gehetze und stressige Herausforderungen tun einem ängstlichen Kind sehr gut. Könnt ihr irgendwo Termine reduzieren, mehr Luft in den Wochenplan bringen?

Hat dein Kind Raum und Zeit für Bewegung und auch fürs Gammeln und Trödeln? Hast du selbst Zeit dafür?

Habt ihr Routinen für Berührungen, Massagen, Singen und gemeinsame Zeit voller Nähe und Zuwendung?

Qualität geht hierbei vor Quantität. Aber wenn es kontinuierlich stattfindet, tut das deinem ängstlichen Kind sicher gut. Sein Gehirn kennt Ruhezeiten dann gut und wird Angstmomenten nicht mehr mit einer dauergestressten Basis begegnen.

Mit gelenkter Aufmerksamkeit gegen eure Angst

Im vorherigen Abschnitt hast du gesehen, wie du mit deinem Kind auf den eigenen Körper achten und reagieren kannst, wenn er Angstreaktionen zeigt. Das ist ein wichtiges Puzzlestück im guten Umgang mit den Angstgefühlen. Wichtig ist aber auch, das Denken und Fühlen rasch vom eigenen Körper wegzulenken. Denn wenn dein Kind nur an sein rasendes Herz denken kann, kann es an dem Punkt steckenbleiben. Seid ihr also beim 6-Schritte-Plan gegen die Angst noch bei Punkt 4, dem Planen, denkt auch daran, die Aufmerksamkeit aus dem Körper heraus zu lenken. Die Übungen zu den einzelnen Sinnen, die ich dir gerade vorgestellt habe, gehen schon in diese Richtung. Je älter dein Kind wird, desto einfacher wird das natürlich, weil es im Denken reift. Aber du kannst bereits mit einem Kindergartenkind starten, Aufmerksamkeitslenkung zu üben. Etwa ab 5 oder 6 Jahren sollte es richtig gut funktionieren können.

Gezielte Aufmerksamkeit

Hat dein Kind beispielsweise bei Angst sein rasendes Herz gespürt und eine Hand zur Beruhigung auf seine Brust gelegt, oder hat es seine zappeligen Hände bemerkt und sich selbst an die Hand genommen, um sich zu beruhigen, kannst du es im nächsten Schritt anleiten, gezielt in seiner Umgebung einen bestimmten, ziemlich langweiligen und daher beruhigenden Reiz zu suchen:

- Gibt es etwas Gelbes in der Nähe, das so warm strahlt, dass die Angst weggeschoben wird?
- Gibt es ein Geräusch in der Nähe, das vielleicht rhythmisch ist und Beruhigung schenken kann? Eine tickende Uhr, deren Rhythmus gefühlt auf die Angst draufklopfen kann? Ein rauschender Autostrom, der die Angst mit fortnehmen kann? Vogelzwitschern, das dein Kind in Gedanken sicher auf einen Baum tragen kann?

Oder worauf mag dein Kind sich konzentrieren, um sich von den Angstgefühlen entfernen zu können?

Und was ist mit deiner Angst?
Kannst du deine Aufmerksamkeit auch gezielt lenken? Sonst übe mit deinem Kind gemeinsam. Wir Erwachsenen sind da manchmal gar nicht so viel fitter als die Kinder und lassen uns schnell ablenken oder von einem starken Reiz gefangen nehmen. Doch auch du kannst lernen, den Reiz zu wählen, auf den du dich fokussieren möchtest.

Mit einem klugen Kopf gegen eure Angst

Ihr konntet schon schauen, ob dein Kind seinen Körper beruhigen kann, ob es seinen Fokus nach außen verlagern kann, aber wenn die Angst im Kopf immer noch riesig ist („*Gleich passiert mir was!*“), muss das Hirn mit in die Angstbewältigung einsteigen. Auch das musst du wie die übrigen Strategien mit deinem Kind im Vorfeld der Angst besprechen. Im Kindergartenalter kannst du damit starten, ab 5 oder 6 Jahren wird es durch die kognitive Reifung einfacher.

Wahrscheinlichkeit bewerten
Bewertet die Wahrscheinlichkeit für das Eintreten des Angstmomentes. Frag dein Kind:

- *„Wie wahrscheinlich ist es, dass das Beängstigende (Mama kommt nicht wieder, ein Monster steht im Schrank, ein Hund beißt ...) eintritt?“* – Viele Situationen, die Angst machen, sind gar nicht so wahrscheinlich. Bei einem Schulkind könnt ihr zu bestimmten Themen auch Statistiken anschauen, um das zu sehen.
- *„Was würde es tatsächlich bedeuten, wenn das Beängstigende (die Schulklasse lacht, in der Klassenarbeit gibt es eine 5, dein Kind bricht sich ein Bein, Opa stirbt ...) eintritt?“* – Schaut zusammen hin, wie kurzfristig die Folgen möglicherweise wären, wie viele Möglichkeiten zum Umgang es mit der Situation gäbe:

Die Klasse lacht, aber mag dein Kind weiterhin. Die 5 in Deutsch ist nur eine von vielen Noten im Halbjahr. Ein gebrochenes Bein wird wieder gesund. Den verstorbenen Opa kann man durch Erinnerungen im Leben behalten usw.

Lest euch gemeinsam Wissen über den Angstauslöser an:

- *„Weißt du eigentlich, wie gefährlich eine Spinne in Deutschland sein kann?"*
- *„Lass uns mal nachschauen, wie selten hier eingebrochen wird."*
- *„Komm, wir finden heraus, wie man einen Hundebiss versorgen müsste."*
- Sucht Bilder, die der Angst im Kopf weniger Schrecken zuordnen: *„Wie fühlt es sich an, wenn du dir die Angst wie einen Luftballon vorstellst? Manchmal ist er prall aufgepustet und du musst bewusst mit ihm umgehen, damit er nicht platzt. Und manchmal geht die Luft ganz langsam ein wenig aus ihm heraus. Er wird weniger bedrohlich. Du könntest ihn sogar in die Tasche stecken."* – Vielleicht hilft deinem Kind dieses Bild. Oder findet es ein anderes? Wenn es im Akutfall daran denkt, ist ein Luftballon oder etwas Ähnliches viel weniger beängstigend und mächtig als das Angstgefühl ohne Bild. Mit dem Bild kann dein Kind arbeiten. (Auch andere Gefühle können solche Bilder bekommen, wenn das deinem Kind hilft.)
- *„Wie sieht die Angst aus?"* – Vielleicht beschreibst du zuerst, wie deine aussieht. Ist sie groß und muskulös, mit hässlicher Fratze? Oder hat sie vielleicht Beulen, komische Haare und krumme, butterweiche Knie? Könnt ihr der Angst über eine Personifizierung das Bedrohliche nehmen? Sie ist da, lässt euch erst einmal erschaudern, aber wenn man genauer hinschaut, ist sie auch verletzlich?

Und der Kopf kann noch so viel mehr. Frag dein Kind nach seinen Träumen oder Zielen rund um die Angst. Was möchte es gern schaffen? Erzähl auch von deiner Zielsetzung jetzt oder mit früheren Ängsten. Mit einem klaren Ziel vor Augen (z. B. *„Ich will bei der Klassenfahrt mitfahren.“*) lässt sich die Angst wieder leichter händeln als nur im Gefühl *„Ich schaffe das nicht. Das ist alles so schlimm.“*

Außerdem kann es helfen, nachzufragen, ob dein Kind ein Vorbild, einen Superhelden oder eine Kämpferin hat. Diese Figur könnt ihr euch nämlich mal genauer anschauen: Wie geht sie mit Angst um? Kann dein Kind sich hier Strategien abgucken? Und ist Angst für die Figur manchmal eine sinnvolle Begleiterin? Kann dein Kind dadurch spüren, dass seine Ängstlichkeit nicht nur schlechte Seiten hat?

Wer mehr weiß, hat weniger Angst. Wer viel unternehmen kann, hat weniger Angst. Dennoch ist es wichtig, deinem Kind auch an dieser Stelle nicht einzureden, es müsse keine Angst haben. Sie wird kommen, rechnet damit – aber nun seid ihr besser vorbereitet.

Wichtig ist: Jedes Gespräch kann helfen, beruhigen, Ängste kleiner werden lassen, aber nur das Sprechen allein löst eine Angst in der Regel nicht komplett. Das Bewerten kann erleichtern. Aber erst die als hilfreich erlebte Übung und Anwendung aller Strategien im Akutmoment – Punkt 5 im 6-Schritte-Plan – macht die Angst nach und nach zur Begleiterin statt zur Bestimmerin.

Und was ist mit deiner Angst?

Was ist mit deinem Kopf? Kannst du Ängste bewerten, durchdenken, und dank Wissen und Ideen ein bisschen schrumpfen lassen? Sonst ist das auch für dich eine Aufgabe. Wahrscheinlich ist es hilfreich, wenn du dich gemeinsam mit einer Freundin oder einem Freund damit befasst, um auch andere Blicke auf deine Angstauslöser zu bekommen, die vielleicht realistischer und sorgloser sind.

Mit Entspannung gegen eure Angst

Meine letzte Idee zu **Punkt 4, dem Planen,** steht ein bisschen außen vor. Es geht nicht um eine weitere Planung, eine weitere Strategie für einen akuten Angstmoment, sondern um eine Art Grundgerüst. Du kannst dein Kind nämlich vorbereiten und ihm helfen, seine innere Einstellung zu verändern, damit ihm der Weg durch den 6-Schritte-Plan leichter fällt.

Dein Kind braucht Entspannung

Eure Gespräche sollten sich nicht mehrheitlich um die Angst drehen, und der Alltag deines Kindes sollte nicht aus ständigen Konfrontationen mit Angst bestehen. Worüber könnt ihr noch reden? Was sind die Leidenschaften deines Kindes? Welche Entspannungstechniken kennt dein Kind? Lässt euer Kalender ausreichend Raum dafür? Sorg für Entspannung und Zeiten ohne Gedanken an Angst. Wenn du selbst Ängste hast, schau auch darauf, dass du Entspannung gezielt in deinen Alltag einbaust.

Dein Kind braucht Neugier und Optimismus

Ist die innere Einstellung positiv (*„Ich kann was. Ich werde das schaffen. Ich gebe nicht auf.“*), dann ist das unglaublich viel wert. Unterstützend kann dabei Lachen sein, denn das erleichtert und stärkt. Also nutze auch Humor im Umgang mit deinem Kind. Denkt euch unrealistische Strategien aus für den Umgang mit der Angst.

Baut im Kopf eine Maschine, die dunkle Nächte hell machen kann oder grimmige Hunde durchkitzelt. Textet eine Zauberformel, die viele Menschen in einer Gruppe zu vielen Gummibärchen verhext, oder denkt euch eine Hightech-Rolltreppe aus, die tägliche Besuche bei Verstorbenen möglich macht. Was fällt euch noch ein? Könnt ihr gemeinsam ein bisschen gegen die Angst anlachen?

Und was ist mit deiner Angst?
Wie steht es um deinen eigenen Optimismus? Wer kann dir helfen, die Welt etwas positiver zu sehen? Versuche, diese Erleichterung auch für dich zu erreichen. Auch hierbei können wieder freundschaftliche Gespräche helfen. Achte dabei darauf, dass du nicht gleich ablehnend reagierst, wenn deine Freundin oder dein Freund etwas optimistisch betrachtet. Es könnte sein, dass sie oder er recht hat. Das darfst du dir immer wieder sagen. Meistens kommt nämlich nicht alles so schlimm wie man denkt oder lässt sich leichter lösen als befürchtet.

Mit Mut gegen eure Angst

Natürlich braucht dein Kind auch Kraft und Mut auf diesem Weg. Jemand, der gegen seine Ängste angeht, muss ja in Kauf nehmen, dass es unterwegs trotz aller Planungen schlecht laufen kann und seine Gefühle nicht durchweg angenehm sein werden. Da kann der innere Schweinehund ganz schön stark sein. Darum zählt zum einen jeder kleine Schritt – über die eigene Angst zu reden ist zum Beispiel schon mutig. Sag das deinem Kind.

Zum anderen hilft es, wenn du mit deinem Kind immer mal wieder auf seinen Selbstwert schaust: Spürt es an anderer Stelle, wo es nicht um die Angst geht, dass es sich Ziele setzen und sie selbstbestimmt erreichen kann? Weiß es, wie sehr andere Menschen es schätzen und froh sind über das, was es kann?

Solche Blicke können stärker machen. Und du kannst noch mehr tun:

Dein Kind braucht Berührungspunkte mit Fremdem

Versuche, gemeinsam mit deinem Kind immer wieder Fremdes näher kennenzulernen: zum Beispiel Gerüche oder Speisen über die Sinne, neue Menschen und Situationen, in die ihr euch vorher noch nicht gewagt habt. Wohl dosiert können das immer wieder kleine Mut machende Erfahrungen sein, auch wenn dein Kind sie von deinem Arm aus erlebt, dabei sehr zurückhaltend ist und nichts sagen will.

Es bleibt das Gefühl *„Ich habe etwas geschafft. Ich kann etwas.“*, und auch das kann die Angst wieder ein bisschen kleiner werden lassen. Auch deine.

Dein Kind braucht ein positives Selbstbild

Mach deinem Kind bewusst, dass es die Angst nicht mehr aushält, sondern jetzt ein Macher oder eine Macherin ist. Vielleicht hängt ihr ein Türschild auf, auf dem das steht, oder erstellt ein Plakat, auf dem seine Strategien aufgeführt sind. Das innere Bild von sich als aktive Person kann deinem Kind viel Kraft geben. – Frag nach: *„Was kannst du schon?“* Mag dein Kind da gar nichts antworten, hilf ihm auf die Sprünge.

Helfen beim positiven Blick

Zusätzlich helfen kann eine „warme Dusche“ durch andere Bezugspersonen und Freunde oder Freundinnen: Tut dein Kind sich sehr schwer mit positiven Blicken auf sich selbst, bitte andere darum. Sammle vielleicht Postkarten, auf denen andere Menschen notiert haben, was dein Kind in ihren Augen schon richtig gut kann. Bitte sie, diese zu schreiben und an euch zu schicken, und sammle sie an der Kinderzimmerwand. Selbst wenn dein Kind sie noch vorgelesen bekommen muss, werden sie ihm guttun.

Und was ist mit deiner Angst?

Wie ist dein Selbstbild? Wer kann dir eine „warme Dusche“ geben? Wenn du selbst mit Angst zu tun hast, brauchst auch du so eine Stärkung. Wen in deinem Umfeld kannst du darum bitten? Das können auch Menschen sein, die dich schon in jüngeren Jahren kannten und vielleicht dein Augenmerk darauf richten können, was dir damals noch leichter fiel, wo du damals noch besser gehandelt hast. Du kannst nämlich eigentlich vieles, was die Angst jetzt nicht zulässt. Mache dir das mithilfe von anderen bewusst.

Als Team gegen eure Angst

Dein Kind braucht viel Miteinander auf seinem Weg durch die Angst. Wenn ihr ein gemeinsames Ziel habt, wie *„Wir wollen beide unsere Ängste kleiner machen!"*, verbindet und hilft das sehr. Dieses Buch trägt den Titel nicht nur, weil Elternangst Einfluss auf Kinderangst hat und dein guter Umgang mit deinen Ängsten dein Kind stärken wird. Es heißt auch so, weil Elternhilfe so relevant ist. Gegen Angst kommt ein Kind allein nicht gut an. Gerade beim Üben und Nachbereiten, den Punkten 5 und 6 im 6-Schritte-Plan, bist du intensiv gefragt. Du nimmst es ernst, ihr geht gemeinsam voran.

Dein wichtigstes Pfund dabei ist eure Beziehungsstärke. Die zeigt sich dadurch, dass dein Kind sich auf dich verlassen kann, du feinfühlig spürst, wann es deine Nähe oder aber dein Loslassen braucht, und dass ihr viel miteinander sprecht. Beziehungsstärke kann euch auch durch wirklich schwierige Zeiten tragen.

Beziehungsstarke Ideen fürs Üben und Nachbereiten der Begegnungen mit der Angst sind:

Du zeigst Vertrauen und Zutrauen

Dein Kind bekommt Raum für seine Ideen im Umgang mit Angst, auch wenn sie ein bisschen verrückt klingen mögen. Es erfährt von dir, dass es vielleicht auch dir bei deiner Angst helfen kann. Und es hört von dir, wie sehr du daran glaubst, dass es seine Angst zur Begleiterin statt zur Bestimmerin machen kann.

Du bist immer dabei – auch wenn du nicht dabei sein kannst

Überleg dir mit deinem Kind „Helferlein", damit es etwas von dir mitnehmen kann, wenn es in beängstigende Situationen geraten könnte, die du nicht begleiten kannst. Sowohl in der Kita als auch in der Schule, bei den Großeltern, einem Kindergeburtstag oder einer ärztlichen Untersuchung kannst du ihm eure Beziehung sichtbar machen. Zeichne etwas auf seine Hand. Gib ihm etwas mit, was nach dir riecht oder von dem es weiß, wie wertvoll es für dich ist. Sprecht darüber, dass ihr immer verbunden seid, wenn ihr nach oben blickt, denn auch wenn ihr an unterschiedlichen Orten seid, schaut ihr immer in den gleichen Himmel. Was fällt euch noch ein?

Du hilfst durch Spielen

Spielen ist für Kinder lange viel wichtiger als reden. So wie du im Gespräch mit anderen Probleme besprichst und Lösungsmöglichkeiten suchst, hilft es deinem Kind in Sachen Angst, Strategien mit Spielfiguren oder Plüschtieren durchzuspielen. Das Spiel schafft Distanz zu den unguten Gefühlen, die das Thema verursacht. Es schenkt deinem Kind außerdem das Gefühl, aktiv etwas tun zu können, und bietet die Möglichkeit, verschiedene Ideen auszuprobieren. Sei da ganz offen: Dein Kind soll ruhig auch verrückte Gedanken äußern können. Fällt Reden also schwer, tauche in eine Rolle im Spiel ein und versuche es so.

Super sind auch Rollenumkehr-Spiele, bei denen dein Kind beispielsweise ein erwachsener Löwe sein kann und du das Tierkind bist. Hier erlebt es sich als stark und über dir stehend. Es kann in der Rolle entscheiden und sehr selbstbestimmt sein. Und diese Gefühle nimmt es mit in andere, weniger starke Momente. Eventuell wird es dich in dieser Rolle auch beschämen und „kleinhalten“, denn seine Angst fühlt sich möglicherweise genauso an. Und wenn dein Kind das hier umdrehen und ein wenig seine „böse“ Seite ausleben kann, kommt es seinen emotionalen Grundbedürfnissen nach einem gesunden Selbstwert und Autonomie nach.

Auch Spiele, bei denen ihr als Team ein gemeinsames Ziel erreichen müsst und aufeinander angewiesen seid, sind eine gute Idee. Dein Kind spürt dann eure Verbindung und dass ihr gemeinsam wirklich viel bewegen könnt.

Du erzählst von dir

Denk dran, dass es deinem Kind hilft, wenn es weiß, es ist nicht der einzige ängstliche Mensch auf dieser Welt. Selbst wenn du zurzeit nicht mit Ängsten zu tun hast, kannst du dich sicher an andere Momente erinnern. Thematisiere sie, damit dein Kind spürt, alle haben mit Angst zu tun und müssen Wege im Umgang mit ihr finden.

Von dir erzählen

Sprich mit deinem Kind:

- *„Meine größte Angst war mal ... Das hat sich so gezeigt: ...“*
- *„Geholfen hat mir, das zu tun: ... Und mit mir gekämpft hat damals ...“*
- *„An dem Tag habe ich das mit der Angst auch nicht gut geschafft: ...“*

Du gibst Nähe

Achte in Gesprächen über Angststrategien darauf, dein Kind zu berühren und es anzusehen. Das stellt nicht nur Nähe her, sondern kann auch Stress abbauen. So fällt es deinem Kind leichter, über Schwieriges zu sprechen.

Du knüpfst ein starkes Netz

Dein Kind muss die Angst nicht allein angehen, aber du musst die Begleitung auch nicht ganz allein schaffen. Wer kann dein Kind bestärken, über Strategien mit ihm sprechen, Erfahrungen teilen? Gibt es andere Erwachsene, die gute Bezugspersonen sind? Ein älteres Geschwisterkind, das das Kleinere an die Hand nehmen mag? Habt ihr ein Haustier, das Stärke geben kann? Oder gibt es Tiere im näheren Umfeld, mit denen dein Kind gute Zeiten erleben kann, um den Weg der Angstbewältigung mit mehr Mut und Selbstwert gehen zu können?

Du lässt Platz für Kritik

Beziehungsstärke bedeutet auch, dass sie Disharmonie aushält. Dein Kind sollte immer das Gefühl haben können, dir sagen zu dürfen, wenn es sich durch dich nicht gut begleitet oder sogar unter Druck gesetzt fühlt. Spätestens im Vorschulalter wird es das können. Frag dein Kind ruhig immer mal wieder: *„Wie mache ich das mit dir?“* Auf seine Antwort musst du nicht gleich reagieren. Du kannst dich bedanken und sie erst einmal wirken lassen, bevor du wieder das Gespräch suchst.

Bilderkraft nutzen

Ist die Angst gerade sehr groß und der Optimismus deines Kindes fast verschwunden, erstelle mit ihm ein Punktebild:

- Lass es je einen großen Kreis machen für alles, was es gut kann, was gerade schön ist, was gute Erinnerungen sind.
- Und dann lass es dazwischen kleine Punkte malen: einen für jede Angst und jede unschöne Erfahrung durch Ängste.
- Nun bitte es, freundliche Gesichter in die großen Kreise zu malen.
- Hängt das Bild auf. Es kann dein Kind erinnern, wie viel gut ist, wie viel in seinem Leben ihm Kraft geben kann und wie viel Stärke es in sich trägt, um sich der Angst zu stellen.

Und was ist mit deiner Angst?

Wie geht es dir: Fühlst du dich allein auf dem Weg mit deiner Angst? Dann möchte ich dich nochmals ermuntern: Achte unbedingt darauf, dass auch jemand mit dir durch deine Gefühle geht. Das kann eine Freundin oder ein Freund sein, aber wenn sich da niemand gut anbietet, könnte das zum Beispiel auch ein Coach, eine Ärztin, der Pfarrer oder eine Familienberaterin sein.

Mit guten Erfahrungen gegen eure Angst

Von Mut war eben schon die Rede. Er ist auf dem Weg mit der Angst immer wieder Thema. Mut wird gebraucht, um überhaupt anzufangen, sich der Angst zu stellen. Mut wächst aber auch mit jedem weiteren Schritt und jedem guten Moment. Dein Kind muss nicht nur drüber reden, wie ein guter Umgang mit Angst wäre. Es muss erleben und spüren, wie es ist, Hemmschwellen anzugehen und nach und nach zu überschreiten. Dein Kind braucht gute Erfahrungen. Das geht am besten mit kleinem Mut statt Übermut, denn wenn ihr zu viel wollt, könnt ihr rasch sehr heftig scheitern. Und eine Hemmschwelle würde sich dadurch wieder erhöhen.

Gute Erfahrungen vereinfachen eine positive Einstellung zum Leben. Wenn du deinem Kind dazu zeigst, dass du ihm viel zutraust und an es glaubst, kann das wie ein weicher, fliegender Teppich eine wunderbare Unterlage sein, um der Angst ein Schnippchen zu schlagen.

Gute Erfahrungen in kleinen Schritten

Hat dein Kind beispielsweise Angst davor, in Gruppen zu sprechen, kann es erst einmal hilfreicher sein, das in vielen kleineren, anonymeren Situationen zu üben als in den großen alltäglichen mit vielen bekannten und vielleicht beängstigenden Gesichtern. Also zum Beispiel lieber im Restaurant beim Bestellen als sofort in der Schulklasse bei jeder Hausaufgabe.

In der Therapie wird bei Angststörungen ähnlich vorgegangen. Hier helfen häufig Videoaufzeichnungen, damit der Patient oder die Patientin mit beurteilen kann, wie er oder sie einen der kleinen Schritte gemeistert hat. Bei deiner Begleitung normaler Ängste kannst du diese Hilfe sein und deinem Kind beschreiben, wie nervös oder auch wie souverän du es erlebt hast. Außenbild und Selbstbild können zusammen ein realistisches Bild ergeben.

Um die Größe der Schritte richtig planen zu können, schau also:

- Was traut dein Kind sich gerade so zu?
- Welches sichernde Verhalten braucht es für diesen kleinen Schritt?
- Wie laufen die ersten Übungen und Erfahrungen? Kann es Schritte auslassen bzw. größere machen?
- Oder werden das Üben und Anwenden ständig zum großen Stressor? Dann ist die Stufe, die ihr gewählt habt, vielleicht zu hoch. Kann dein Kind kleinere Schritte machen?

Gute Erfahrungen durch zugewandtes Zumuten

Dass ihr Pläne schmiedet und Hemmschwellen angeht, ist wichtig, weil Erleben und Tun so viel wichtiger sind als nur darüber zu reden. Das heißt manchmal aber auch, dass du mit deinem Kind dranbleiben musst, wenn es eigentlich gerade nicht mehr will. Genau dann ist eine gewisse Form von „Disziplin“ nötig.

Es kommt hierbei darauf an, dass du es feinfühlig dahin bringst und nicht mit Härte. Das ist wieder die Art von elterlicher Begleitung, die ich „zugewandtes Zumuten“ nenne:

- Du bleibst klar darin, dass ihr wieder ins Üben gehen müsst. Reden, Pläne schmieden, Routinen finden, Hemmschwellen angehen – das ist euer Weg.
- Aber du siehst die Schwierigkeiten deines Kindes dabei, du tröstest, du beschämst es nicht und sparst dir *„Stell dich nicht so an!“* und Ähnliches. Du zeigst deinem Kind Zutrauen, überlegst Alternativen, formulierst Gefühle und stärkst seinen Rücken.

So kann es seine Hemmschwellen angehen und gute Erfahrungen machen, die den Umgang mit der Angst nach und nach immer leichter machen.

Bei großer Verzweiflung helfen

Möglicherweise wird es Momente geben, in denen dein Kind ganz verzweifelt klingt und meint, es würde nie einen guten Umgang mit seiner Angst finden können. Dann wird es sehr schwer sein, es dazu zu motivieren, sich wieder an eine Hemmschwelle heranzuwagen. Da kann manchmal ein Vergleich helfen: der Blick auf ein Kind, das nach einem Unfall nicht mehr richtig laufen kann.

Wenn es im Rollstuhl sitzt und seine Eltern es schieben und ab und an eine Treppe hochtragen, erreicht es viele Orte und viele Ziele, aber es ist immer abhängig davon, dass die Eltern auch den Weg wählen, der ihm selbst gefällt. Steht es aber immer wieder aus dem Rollstuhl auf, trainiert seine Muskeln, beißt sich mal durch, auch wenn es anstrengend ist oder gar weh tut, kann es irgendwann sehr wahrscheinlich wieder allein laufen und seinen Weg selbst bestimmen.

Dieser Vergleich ist auch für dich wichtig: Du kannst deinem Kind nicht abnehmen, seine Beine zu trainieren. Das muss es selbst tun. – Das Gleiche gilt für den Umgang mit Ängsten.

Gute Erfahrungen aufgrund des Alters

Manch eine Erfahrung braucht auch nur Zeit. Einige Dinge machen im Alter von 2 Jahren wirklich Angst, aber mit 5 dann nicht mehr. Das liegt nicht immer daran, dass dein Kind die Erfahrung gemacht hat, dass seine Angst unbegründet war, sondern manchmal einfach an seinem reiferen Denkvermögen: Es weiß dann vielleicht, dass kein Kind jemals nachts in der Kita vergessen oder zu Hause ins Klo gefallen und heruntergespült wurde.

Und was ist mit deiner Angst?

Wie ist es bei deiner Angst? Gehst du sie in Schritten an, die die richtige Größe haben? Oder überforderst du dich und scheiterst vielleicht deshalb immer wieder? Es lohnt sich, diesen Bereich auch in Bezug auf dich anzuschauen.

Jetzt kennst du das grundlegende Rüstzeug für den Weg mit deinen Ängsten als Elternteil und denen deines Kindes. Befasst du dich so mit deiner Angst und begleitest du dein Kind derartig, ebnest du ihm den Weg dahin, dass es den Umgang mit der Angst irgendwann allein schaffen kann.

In den folgenden Kapiteln bekommst du Impulse zu den typischen Ängsten, die Kinder und auch viele Erwachsene haben können, um gezielt mit deinem Kind darüber reden, sie erkennen, Strategien planen und den Umgang üben zu können. Damit die Angst endlich Begleiterin statt Bestimmerin wird.

SO GEHT IHR MIT SPEZIFISCHEN ÄNGSTEN UM

Ein ängstlicher Mensch zeigt seine Vorsicht in vielen Situationen. Oft taucht Angst aber gerade in Bezug auf etwas Bestimmtes auf und in anderen Momenten zum Glück nicht. Diese spezifischen Ängste sind von Mensch zu Mensch sehr ähnlich. Die häufigsten findest du in diesem Kapitel, zusammen mit vielen Impulsen, um jede dieser Ängste sofort angehen zu können.

„Werde ich das überleben?" Die Frage klingt riesengroß und nicht gerade typisch für den Alltag eines Kindes in Deutschland. Aber darin steckt im Grunde genau das Problem: Ein relativ normales, unbedenkliches Geschehen wirkt unberechenbar, lässt dein Kind oder dich übermäßig besorgte Fragen stellen und belastet euch dadurch.

Manche dieser Ängste sind sogenannte Urängste, die schon unsere Vorfahren vor Tausenden von Jahren hatten. Alleinsein und Dunkelheit sind gefährlich, einige Tiere sind es auch, und vieles, was fremd ist, verdient ein gesundes Misstrauen. Wasser und Höhe sind riskant und können tatsächlich das Leben kosten.

Essen muss dein Kind jeden Tag, Medien und Geschichten begegnen ihm täglich. Tiere gehören zum Leben oft dazu. Dreck oder gefährlich anmutenden, zum Beispiel spitzen Gegenständen können wir nicht aus dem Weg gehen. Ganz alltägliche Momente, über die sich viele Menschen keine großen Gedanken machen, können für dein ängstliches Kind oder für dich ein Hindernis darstellen, weil sie Ohnmachtsgefühle und Stress auslösen.

Andere Bereiche, in denen Ängste auftreten, haben eher mit Eigenverantwortung, Gewohnheiten und Sicherheit zu tun: *„Was ist, wenn alles anders ist, als ich es bisher kannte? Was ist, wenn ich die falsche Entscheidung treffe? Was ist, wenn ich krank werde und nichts dagegen tun kann?“*

Oh ja, groß und selbstständig zu werden sowie in der Welt zurechtzukommen ist gar nicht so leicht. Da kann vieles die Angst auf den Plan rufen. Aber du kannst helfen.

Angst vor Trennungen

Viele Ängste haben damit zu tun, ob dein Kind sich allein oder mit anderen Menschen sicher fühlt und mit diesen interagieren kann. Aber auch sie können bewältigt werden. Manchmal gibt es eindeutige Auslöser dafür. Oft steckt vielleicht nur ein schüchternes Wesen dahinter. Auch das junge Alter, wachsende Fantasie und die geistige Reife spielen nicht selten eine Rolle. Und immer sind da das Gefühl, sich nicht zurechtzufinden, und Respekt vor Unbekanntem. Aber dem könnt ihr etwas entgegensetzen.

Besonders kleine Kinder tun sich schwer damit, sich von Gewohntem zu trennen (beispielsweise Schnuller oder Windel). Vor allem ist es eine intensive Veränderung, ohne ihre engsten Bezugspersonen sein zu müssen. Denn die Kinder haben teilweise noch kein inneres Bild davon, dass sie auch sicher in dieser Welt sind, wenn Mama oder Papa nicht bei ihnen ist. Daher ist die Ursache für Trennungsängste oft schlicht das Vermissen der Eltern. Dann passt ebenso der Begriff „Verlassensangst“, von der auch Schulkinder noch betroffen sein können.

Mit steigendem Alter richten sich die Ängste aber eher auf Situationen selbst, also darauf, wie ein Kind mit anderen Menschen gut zurechtkommen kann: *„Werde ich gemocht?“*, *„Kann ich einen Streit aushalten?“ „Komme ich mit diesen vielen Personen zurecht?“ „Werde ich ausgelacht?“ „Was soll ich nur sagen?“ „Warum fasst die mich an?“* Es würde sich sicherer fühlen mit einem Elternteil an seiner Seite.

Bei jeder Trennungsangst muss man genauer hinschauen:

- Warum ängstigt sich dein Kind?
- Was glaubt es, was passieren könnte?
- Woher rührt seine Unsicherheit?

Und dann geht es ums Ermächtigen: Was kann dein Kind gegen die Gefühle von Unwohlsein, Ohnmacht und Schrecken tun?

Und was ist mit deiner Angst?
Achte auch darauf, wie es dir in den Trennungssituationen geht: Wie groß ist deine Angst, etwas falsch zu machen? Spürst du sie stark? Dann arbeite mit guten Strategien dagegen. Der wichtigste Gedanke ist, dass dein Kind in der Regel nicht ungesund leidet, wenn es nach der Trennung bei einer anderen Person bleibt, zu der es eine gute Beziehung aufbauen konnte. Lass seine Trauergefühle zu. Einen Schritt zurück solltest du nur machen, wenn du merkst, dein Kind reagiert körperlich extrem panisch, beispielsweise mit Atemnot oder Erbrechen.

Lernt ein Kind den Umgang mit derartigen Ängsten nicht, kann im schlimmsten Fall im Verlauf der Zeit eine psychische Erkrankung, wie zum Beispiel eine Depression, entstehen, weil es sich traurig, überfordert und nicht selbstwirksam fühlen kann. Auch andere Folgen sind möglich, beispielsweise Schulverweigerung und schlechte Schulleistungen, das Verweigern anderer sozialer Begegnungen, eine Flucht in Medien oder sogar eine Mediensucht. Kleinkinder hingegen zeigen häufig ein intensives Klammern an der Bezugsperson oder auch eine Art „Lähmung", manche allerdings auch eine starke Wut. Denn das Gefühl, selbst nichts bestimmen zu können, sich selbst nichts zuzutrauen und mit anderen Menschen nicht sicher zu sein, hemmt Kinder häufig in ihrem Verhalten und Interagieren, oder es enthemmt sie in ihren Gefühlen und macht sie aggressiv. Darum ist es so wichtig, die Angst frühzeitig im Blick zu haben und anzugehen.

Dass du deinem Kind zutraust, sich seinen Ängsten zu stellen und sie zu meistern, ist eines der wichtigsten Hilfsmittel. Aber auch ein gestärktes Selbstwertgefühl durch gute Beziehungen zu anderen Menschen und durch Erfahrungen rund um das eigene Können sind relevant: *„Ich spüre, dass ich etwas kann! Die anderen zeigen mir, dass ich gut bin."* Diese guten Erlebnisse müssen gar nichts mit den Ängsten und ihrer Bewältigung zu tun haben und werden deinem Kind doch Kraft geben.

Wahrscheinlich sind alle gesunden Menschen die meiste Zeit am liebsten mit einer sicheren Bezugsperson zusammen – Erwachsene wie Kinder. Die ganz Kleinen benötigen ihre Bezugsperson aber in vielen Momenten einfach noch hautnah und greifbar bei sich, um sich wohlfühlen zu können. Denn Bindungssicherheit braucht Zeit, um sich auszubilden. Im Laufe der ersten Lebensmonate verstehen Babys erst, dass es viele verschiedene Menschen gibt und dass sie sich von ihrer Mama oder ihrem Papa entfernen können oder diese sich von ihnen. Und sie verstehen gleichzeitig erst einmal nicht, dass das nicht immer etwas ganz Schreckliches bedeutet. Sie bekommen Angst.

Babyalter

Das erste Mal tritt eine solche Angst in der Regel im ersten Lebensjahr auf. Das sogenannte „Fremdeln" zeigt sich, wie schon erwähnt, unterschiedlich intensiv irgendwann etwa zwischen dem 4. und 12. Lebensmonat: *„Du bist weg! Ich bin allein und hilflos! Und diese anderen Leute wollen mir bestimmt nichts Gutes!"* Diese Gefühle sind im Babyalter existenziell, denn noch hat dein Kind kaum Möglichkeiten, aktiv dagegen anzugehen. Es leidet und braucht Beruhigung. Es kann auf sich aufmerksam machen und nach dir rufen. Aber es kann sich noch nicht sagen, dass du gleich wiederkommst, dass Eltern selten ihre Kinder für immer verlassen und dass es ja ein Buch angucken könnte, bis du zurück bist.

Darum braucht ein Baby mit Trennungsangst deine möglichst rasche fürsorgliche Reaktion: Du kannst rufen, dass du gleich zurück kommst, du kannst dafür sorgen, dass eine andere Bezugsperson bei ihm ist, und du kannst ihm zeigen, dass es nicht allein mit der beängstigenden fremden Frau im Fahrstuhl ist, sondern auf deinem Arm mit deiner liebevollen Stimme am Ohr. Dann gibt sich das Fremdeln meist bald. Du kannst auch „schnelles Verstecken“ mit deinem Kind spielen, wobei du nur kurz hinter einem Tuch oder einer Stuhllehne verschwindest und dann wieder lächelnd vor ihm auftauchst. So lernt es, dass dein Verschwinden nur kurz und nicht schlimm ist.

Kleinkindalter

Nach dem Babyjahr kann Trennungsangst aber weiterhin ein Thema sein: der Einstieg in den Kindergarten, der Abend beim Babysitter, der Kindergeburtstag ohne Eltern, der Nachmittag allein mit Mama, wenn dein Kind gerade in einer Papaphase steckt. Tritt in solchen Momenten Angst auf, benötigt dein Kind Hilfe von dir, um sie nicht zur Bestimmerin werden zu lassen. Intensive Trennungsängste müssen wirklich sehr ernst genommen und sollten nicht verlacht und ignoriert werden, andernfalls können sie sich festsetzen und langfristig zu Problemen führen.

Gerade mit dem Beginn der Autonomiephase, wenn rund um den 2. Geburtstag das Grundbedürfnis nach Selbstbestimmung erstmals riesengroß wird, kann auf der anderen Seite die Unsicherheit, ob die Bezugsperson zuverlässig dableibt, wenn das Kind so autonom ist, gewaltig werden. Auch die Geburt eines Geschwisterkindes oder strafendes Elternverhalten, bei dem das Kind allein gelassen wird, können Ähnliches auslösen: die Angst vor Beziehungsverlust. Darum beginnt das Kind mit Angstsymptomen zu klammern. Eine sichere Bindung und immer wieder Mitgefühl und Nähe sind die Erste-Hilfe-Mittel (auch nachts).

Sich erklären

Wenn du weggehen möchtest und das Kind bei einer anderen vertrauten Person lässt, kannst du deinem Kind ab 2 oder 3 Jahren vorab von dir erzählen. Lass dein Kind mitfühlen, warum du eine Trennung herbeiführst:

- *„Ich muss mich um meine Gesundheit kümmern und in diese Arztpraxis kann man kein Kind mitnehmen.“*

- *„Ich möchte mit meinem Freund in Ruhe ein paar Gedanken besprechen. Das hat nichts damit zu tun, dass du sie nicht hören sollst, sondern, dass ich mich in dieser Zeit nur auf ihn konzentrieren möchte. Morgen erzähle ich dir gern von unserem Abend."*
- *„Ich möchte meine Arbeit schaffen und daher bringe ich dich in die schöne Betreuung. Nachmittags habe ich dann den Kopf ganz frei für dich und den Spielplatz."*

Die Erklärungen werden dein Kind nicht immer erreichen. Es kann gut sein, dass es weiter klammert und tobt. Aber sie enthalten die Klarheit, dass du etwas für dich tust und nichts gegen dein Kind. Das ist für euch beide wichtig, um die Hemmschwelle der Trennung schaffen zu können. Dass dein Kind dabei seine Gefühle so deutlich rauslässt, ist für dich sicher nicht einfach, aber es ist total in Ordnung und du kannst es gar nicht immer verhindern.

Getrennte Eltern

Lebt ihr Elternteile getrennt und die Ängste kommen beim Wechsel von einem ins andere Elternhaus auf, ist Feinfühligkeit besonders wichtig. Hier ist kein Platz für elterliche Konflikte vor den Kinderohren. Das solltet ihr zur Not mit mediatorischer Hilfe klären. Euer Kind benötigt euch als Team. Ist das mit deinem Ex-Partner oder deiner Ex-Partnerin nicht möglich und helfen auch die üblichen Stellen, wie zum Beispiel das Jugendamt, nicht gut weiter, schau, was du mindestens für dein Kind tun kannst. Wie kann es sich aktiv und selbstbestimmt fühlen, auch wenn es sich ungewollt trennen soll? Wie kann es etwas gegen seine Ängste unternehmen? Wovor fürchtet es sich genau? Die folgenden Impulse können auch in dieser Situation helfen.

Trennungen erleichtern I
Trennungsängstliche Kinder jeden Alters brauchen Sicherheit und aktive Strategien. Es ist wichtig, dass dein Kind sich für den Fall, dass du weggehst, in Ruhe an neue Bezugspersonen gewöhnen kann. Dafür braucht es Zeit und Ermutigung. Der andere Elternteil, die Großeltern, eine Babysitterin, ein Bezugserzieher in der Kita – in deiner Gegenwart muss dein Kind fühlen, dass die andere Person sich auch gut um es kümmern kann, es versteht und tröstet. Dabei ist es hilfreich, wenn du die andere Person immer mehr einbeziehst:

- *„Ich flechte den einen Zopf und Opa macht den anderen."*
- *„Heute ziehe ich dir den einen Hausschuh an und Frau Schmitz den anderen."*
- *„Ich habe dich auf dem Schoß, aber die Babysitterin liest dir jetzt etwas vor."*

So spürt dein Kind, dass du der Person vertraust, und kann sich auch öffnen.

Spätestens ab dem Einschulungsalter kannst du mit deinem Kind in Gesprächen Möglichkeiten finden, um sich körperlich zu beruhigen und die Aufmerksamkeit umzulenken, so wie ihr es in den vorangegangenen Kapiteln kennengelernt habt. Außerdem kann es eine Uhr nutzen, um im Blick zu haben, wann du zurückkommst. Und die Lehrkraft sollte gute, sichere Bezugsperson werden. Dreiergespräche bieten sich an:

- Was braucht dein Kind von ihr?
- Was kann sie leisten?
- Und auch wichtig: Welche Gemeinsamkeiten haben sie?

Ist das Abschiednehmen sehr schwer und das Vermissen immer sehr groß, findet Methoden, wie ihr euch trotz Abstand nahe sein könnt:

- Zu Hause hilft manchmal eine lange, lange Schnur vom Kind zu dir, aber auch ein Funksprechgerät kann Entfernungen überbrücken.

- Wenn ihr an ganz verschiedenen Orten seid, kann es helfen, wenn ihr beide etwas vom anderen dabeihabt oder euch eine Möglichkeit zur Verbindung überlegt: Zum Beispiel könnt ihr immer, wenn der große Zeiger ganz oben ist auf der Uhr ist, beide in den Himmel schauen und werdet die gleichen Wolken sehen. Oder du kannst kleine Überraschungsbilder in die Brotdose, die Hosentasche oder ein Federmäppchen legen.
- Dein Kind sollte einen „Ort" haben, an dem es seine Gefühle nach den Trennungen lassen kann. Das kann eine andere Person sein, aber auch eine Zettelbox, ein Plüschtier mit Tasche (zum Beispiel ein Känguru) oder ein Notizbüchlein. Gemaltes und Geschriebenes kann hier aufbewahrt werden. Das Gute daran: Dein Kind bleibt nicht passiv und ohnmächtig. Es tut etwas mit seinen Gefühlen.

Die Abschiede selbst sind am sinnvollsten, wenn sie liebevoll, aber kurz gehalten werden. Ein ewig langes Hin und Her tut euch beiden nicht gut. Die Voraussetzung dafür ist, dass dein Kind bei einer guten Bezugsperson bleibt. Es darf dein Weggehen betrauern und kann den Trost dort bekommen.

Versteckte Probleme

Wichtig ist, dass scheinbare Trennungsangst, gar nicht immer mit dem Trennen zu tun haben muss. Es ist nicht immer das Verlassen, das Angst macht: kein *„Du fehlst mir!"*, sondern ein *„Mir geht es nicht gut!"* Manchmal kann etwas anderes im Kind eine Unsicherheit hervorrufen, zum Beispiel eine starke Veränderung (z. B. Abstillen, Umzug), eine Krankheit oder auch eine Störung wie AD(H)S. Dann ist es schlimm, wenn es allein bleiben soll, weil es sich kontinuierlich wie ein schwer Kurzsichtiger fühlt, der ohne Brille heil durch die Stadt kommen muss. Besteht Trennungsangst trotz helfender Strategien langfristig über Monate, solltest du das Gespräch mit eurer kinderärztlichen Praxis suchen, um nichts zu übersehen, was innere Unsicherheit auslösen könnte.

Wenn Loslassen zu Hause Angst macht

Häufig zeigt sich Trennungsangst sogar zu Hause und unabhängig von beispielsweise einer Kitaeingewöhnung.

Loslassen von Personen

Ist die Mama die wichtigste Bezugsperson, dann kann es schon ein Weltuntergang sein, wenn sie allein ins Bad möchte oder etwas in einer anderen Etage holen will. Möchte sie eine Freundin außer Haus treffen, ist aber sonst fast immer beim Kind, kann das sehr große Angst verursachen. Soll das Kind in seinem Zimmer schlafen und ist dies durch eine Treppe vom Wohnzimmer getrennt, wo die Eltern abends sitzen, kann sich diese Entfernung weiter als bis zum Mond anfühlen. (Nächte, Dunkelheit und Schlaf schaue ich mir mit dir im nächsten Unterkapitel ab Seite 128 genauer an.)

Auch hier geht es darum, den Angstauslöser richtig zu erkennen und mit deinem Kind Handwerkszeug dafür zu finden.

Trennungen erleichtern II

Wenn dein Kind gut sprechen kann, kannst du es fragen:

- Was ist anders bei der anderen Bezugsperson?
- Was kannst du in den Augen deines Kindes richtig gut – und andere Bezugspersonen vielleicht nicht?
- Welche verbindenden Erlebnisse kann es aber mit der anderen Bezugsperson geben?

Versuche also, dein Kind mit der anderen Person besser zu verbinden. Dazu gehört auch, dass ihr viel Zeit zu dritt verbringt, in der du nicht weggehst, damit das nicht immer mit der anderen Person verknüpft ist. In diesen Momenten solltest du aber darauf achten, den anderen Erwachsenen einzubeziehen: Ihr könnt das Kind zusammen streicheln, im Wechsel etwas vorlesen, ihm beide etwas anziehen.

Versuche außerdem, das Mitgefühl deines Kindes für dich zu öffnen. Lass es spüren, warum du gerade Abstand suchst:

- *„Ich möchte ein paar Minuten für mich allein unter der Dusche stehen, die Augen schließen und nur das warme Wasser spüren. Papa kommt auch nicht mit."*
- *„Ich muss kurz dieses Paket an der Straßenkante in Empfang nehmen und nach Hause tragen und kann dabei nicht darauf achten, dass dir kein Auto etwas tut."*

Die Erklärungen werden dein Kind nicht immer richtig erreichen können. Doch du zeigst dich klar und verdeutlichst, dass du etwas für dich tust und nichts gegen dein Kind. Diese Haltung hilft dir, seine vielleicht laute Trauer annehmen zu können.

Denk immer daran, deinem Kind nicht nur zu sagen, was es lassen soll *(„Lass mich allein aufs Klo!")*, sondern auch, was es tun kann *(„Such schonmal ein Buch aus.")*.

Schau wieder, welche Hilfsmittel das Ohne-dich-Sein vereinfachen können: dein Halstuch, dein alter Plüschhase, eine lange Schnur oder aber eine Sanduhr, die den Satz *„Ich bin ganz schnell zurück!"* greifbarer macht.

Loslassen von Gegenständen und Gewohnheiten

Loslassen zu müssen ist für Kinder nicht immer nur bei Menschen schwierig, sondern teilweise auch beim eigenen Körper und gewohnten Utensilien. *„Das Pipi soll in die Toilette und verschwindet dort in diesem Loch?" „Meinen Autositz darf ich nicht behalten?" „Meine geliebte Windel soll ich nicht mehr nehmen?"* Für dich klingt das nach Kleinigkeiten, aber für dein Kind bedeuten sie oft die Welt. Seine Welt, wie es sie kennt und in der es sich sicher fühlt, wird verändert. So wie es für dich wäre, wenn du aus einer schönen Wohnung ausziehen oder einen geliebten Job aufgeben müsstest. Die dadurch entstehenden Gefühle brauchen Zeit und Platz. Dein Kind muss trauern dürfen und das auch mal laut und wütend. Und dein Kind muss die damit verbundenen Ängste (*„Alles wird anders!"*) bewältigen können.

Schau also, dass die Veränderungen langsam vonstattengehen, dass dein Kind sich einbezogen fühlt (zum Beispiel einen neuen Autositz oder die neuen Unterhosen mit auswählen darf) und dass es die Chance hat, das Alte mit Bildern oder Ritualen zu verabschieden. Manchmal reicht es, wenn es dafür mit deinem Handy ein Foto machen darf, das auf der Speicherkarte bleiben wird.

Wenn die Nächte Angst machen

Nicht nur eine Treppe im Haus, sondern auch die Dunkelheit, die Tatsache, dass die Bezugsperson nicht sofort verfügbar ist oder ungewohnte Geräusche können besonders die Nächte zu gruseligen Zeiten machen. Das ist evolutionär vollkommen logisch, denn im Dunkeln sehen wir nicht gut und sind besonders gefährdet. Und der Nachtschlaf bedeutet zusätzlich, dass wir weniger aufmerksam sein können, um auf uns aufzupassen. Darum sind Kinder in dieser Zeit besonders sensibel.

Nächten den Schrecken nehmen

Denke wieder dran, dass *„Du musst keine Angst haben“* kein hilfreicher Satz ist. Die Angst ist da und muss bewältigt werden. Kleine und große Kinder brauchen Ideen, wie sie dem konkreten Angstgefühl begegnen können.

- Richtet sich die Angst auf die Dunkelheit, sorge für eine kleine Lichtquelle, die bei Bedarf auch herumgetragen werden oder im Bett liegen kann. Erfinde für dein Kleinkind eine kurze Geschichte zu dem Licht, das vielleicht aus einem Zauberland kommt, Dunkelheit wegpusten kann und schon 27 Maulwürfen eine gute Hilfe war.
- Hat die Angst mehr mit der Entfernung zur Bezugsperson zu tun, überlege, was die Bindungsschnur zu dir versinnbildlichen kann: vielleicht ein echtes Band, vielleicht selbstgeflochten und am Bettgestell sowie auf der anderen Seite am Sofa befestigt?

- Stören merkwürdige Geräusche oder der Gedanke an ein Monster im Schrank ober Einbrecher vorm Fenster, braucht dein Kleinkind Licht, Anti-Monster-Spray oder eine laute Rassel, die im Fall der Fälle Krach machen könnte. Ein Grundschulkind wird mehr mit dir über die Seltenheit von Einbrüchen und über Sicherheitsfenster sprechen müssen und braucht vielleicht auch hier nochmal ein Band von Bettpfosten zu Bettpfosten, das euch in der Nacht greifbar verbindet. Manchmal kann aber auch jetzt noch eine gute Geschichte helfen: Vielleicht kommen die knarzenden Geräusche von einer Mäusefamilie, die in der Wand lebt? Wie heißen die wohl? Wie leben sie dort? Wie viele Kinder haben sie? Wenn etwas Unbekanntes bekannter wird, fühlt es sich gleich weniger beängstigend an.

Und was ist mit deiner Angst?
Wie geht es dir in den Nächten? Hast du beispielsweise Angst, dein Kind nimmt Schaden allein im eigenen Kinderzimmer, aber irgendwie auch das Gefühl, es ist gut, wenn es dort selbstständig schlafen kann? Auch hier ist es wieder wichtig, dass die Elternangst nicht aufs Kind abfärbt. Lass dich gegebenenfalls von einer beziehungsorientierten Schlafberatung begleiten, damit du mit Wissen und Ideen in ein sicheres Gefühl kommen kannst.

Sind eure Nächte durch die Angst deines Kindes sehr herausfordernd, ist es nicht verwunderlich, wenn dich die Anstrengung und die Müdigkeit manchmal aggressiv machen. Schlafentzug ist nicht umsonst eine Foltermethode. Er macht einfach mürbe. Krasse Aggressionen sind keine Hilfe für dich oder dein Kind, sondern ein Zeichen von Überforderung. Dann geh einen Schritt zurück und schöpf erst einmal wieder Kraft, indem du vielleicht doch nochmal eine Weile mit deinem Kind zusammen schläfst.

Wenn das Alleinsein in der Kita Angst macht

In der Einleitung zum Thema Trennungsängste habe ich den Bereich Außer-Haus-Betreuung schon erwähnt. Das meint Kita und Kindergarten oder auch Tagesmutter/-vater. Tatsächlich ist das erste Mal, das ein Kind kontinuierlich außer Haus betreut werden soll, für viele Familien ein wichtiger Meilenstein, der Groß wie Klein nervös macht. Eine beziehungsstarke Eingewöhnung mit ausreichend Zeit und Blick auf das Kind kann die Sorgen meistens gut einfangen und einen angenehmen Betreuungsstart ermöglichen.

Hat dein Kind aber wirklich große Angst davor, allein, also ohne dich, in der Kita bleiben zu müssen, reichen die üblichen Eingewöhnungsrituale manchmal nicht aus. Du siehst viele Tränen und Geschrei, Klammern und Panik, kleine Fort- und große Rückschritte. Das ist für alle sehr belastend.

Kurz und klar helfen

Deinem Kind helfen Klarheit, Sicherheit und Rituale:

- Hast du für dich entschieden, dass die Kita ein guter Ort ist, strahle das auch aus und zweifle nicht vor deinem Kind daran.
- Verhilf deinem Kind dazu, sich dort sicher zu fühlen, indem du aktiv dabei mithilfst, dass es Zeit mit seiner Bezugsperson dort verbringt. Vermittle gemeinsame Momente zwischen den beiden. Zeig deinem Kind, dass du der Person zutraust, dass sie dein Kind genauso gut begleitet wie dich. Wie gut kann sie basteln? Auf welche gute Art tröstet sie? Kann sie mit deinem Kind zusammen draußen balancieren? Stärke die Verbindung.
- Keinem trennungsängstlichen Kind hilft ein langes Hin und Her. Hat es Beziehung aufgenommen, kann es den Abschied von dir verkraften, auch wenn der Schmerz stark ist. Finde kurze, immer gleiche Rituale: Zum Beispiel hilfst du beim Ausziehen, liest noch ein Buch vor und singst dann ein Klatschlied, bevor du dich verabschiedest. Deinem Kind hilft es nicht, wenn du die Hemm-

schwelle, also den eigentlichen Abschied, danach immer wieder in die Ferne schiebst, weil du noch ein Lied singst, und noch ein Buch anschaust und nochmal von draußen wieder reinkommst. Den Trost darf die andere Bezugsperson übernehmen.

- Hilfsmittel dürfen dein Kind natürlich wieder begleiten: etwas von dir, etwas von zu Hause, ein Ritual, wie das gleichzeitige aus dem Fenster schauen von euren verschiedenen Orten aus oder Ähnliches, können kleine Brücken bauen.

Nur weil du oder das Zuhause die Nummer 1 für dein Kind ist, heißt es nicht, dass es ihm bei Person oder Ort Nummer 2 oder 3 schlecht geht. Nummer 1 ist der stärkste Wunsch, aber das Bedürfnis dahinter ist Sicherheit, und die kann dein Kind auch anders finden. Nimm an, dass dein Kind trauert und diese Gefühle laut herauslässt.

Nur wenn dein Kind körperliche Panikanzeichen zeigt, wie beispielsweise Erbrechen, ist es definitiv überfordert. Dann musst du einen Schritt zurückgehen. Manchmal gibt es Kinder, denen es hilft, wenn du länger dabeibleibst, damit sie mit mehr Ruhe eine Beziehung vor Ort aufbauen können. Manche Kinder müssen die Eingewöhnung allerdings auch abbrechen, wenn selbst langsamere Schritt die Panikreaktion nicht verändern.

Geht dein Kind trotz aller Bemühungen nicht nur ungern von dir weg, sondern dockt auch nicht richtig in Beziehung bei einer neuen Betreuungsperson an, kann es manchmal sein, dass dein Kind wirklich noch nicht so weit ist und noch ein wenig Reifezeit braucht, um loslassen und vertrauen zu können. Das muss du immer gut mit dem Personal gemeinsam besprechen und natürlich muss auch beruflich geschaut werden, ob ein Rückschritt machbar ist. Aber manchmal hilft Kindern, die sehr starke Trennungsängste zeigen, eine Pause und dann einen Neustart, vielleicht auch an einem anderen Ort.

Und was ist mit deiner Angst?
Richte während des ganzen Prozesses auch wieder den Blick auf dich. Hast du Angst davor, dein Kind in andere Hände zu geben? Manchmal wird Eltern das schnell unterstellt, wenn eine Eingewöhnung schwierig läuft. Aber zuweilen ist da natürlich auch etwas Wahres dran. Dann solltest du dich mit den Strategien aus dem 6-Schritte-Plan um deine Ängste kümmern, um dein Kind gut begleiten zu können. Der wichtigste Gedanke ist dabei, dass ein Kind bei einer anderen Bezugsperson nicht gefährdet ist, wenn eine gute Beziehung aufgebaut wurde, auch wenn es beim Abschied Trauer zeigt.

Wenn das Alleinsein in der Schule Angst macht

Auch die Einschulung kann noch schwierig sein. Nur weil die meisten Kinder mit 6 Jahren schulreif sind, einschließlich des sicheren Gefühls, ohne Elternteil irgendwo bleiben zu können, heißt das nicht, dass alle Kinder dann so weit sein müssen. Hier gibt es eine Spannbreite, genau wie bei den Kindergartenkindern. Die Schule ist ein neuer Ort, ein neuer Abschnitt. Der Druck rund um die Einschulung kann groß sein, denn jeder spricht das baldige Schulkind auf den neuen, ganz unbekannten Lebensabschnitt an. Eine Eingewöhnung ist nicht vorgesehen, ein Kennenlernen des Ortes und der Personen dort oft nur spärlich möglich. Die Angst darf sein! Sie hat gute Gründe.

Offene Fragen klären
Wichtig ist, dass du deinem Kind keine Ängste in den Mund legst und ihm nicht deine Ängste mitgibst. Wenn du also mit ihm über seine Sorgen sprichst, frag offen, was es umtreibt, und mach keine Vorschläge, wovor es Angst haben könnte.

Nach der Einschulung ist es ähnlich: Zeigt dein Kind dann große Angst, finde durch offenes Fragen heraus, was los ist, anstatt Vorschläge zu machen, was es alles sein könnte.

- *„Wie geht es dir nach dem Ankommen dort?“*
- *„Wie ist es im Unterricht, wenn die Lehrkraft anfängt zu reden?“*
- *„Wie ist es in der Pause?“*
- *„Wie ist es mit den anderen Kindern?“*

Vor der Einschulung könnt ihr die Schule so gut kennenlernen wie nur möglich: über Nachmittage auf dem Schulhof, einen Besuch beim Sommerfest, andere Familien, Fotos auf der Schulhomepage oder auch beim Tag der offenen Tür oder einem selbst vereinbarten Kennenlernen. Darauf lassen sich Schulen manchmal ein, wenn Kinder große Ängste haben. Dann können sie ihre Scheu verlieren, wenn sie Personen und Räume schon einmal in Ruhe anschauen konnten.

Vor der Einschulung könnt ihr euch auch mit den verschiedenen Gefühlen auseinandersetzen, die dein Kind diesbezüglich hat. Oft sind nämlich Ängste gepaart mit Neugier und Aufregung, und alles zusammen überfordert. Eine detaillierte Hilfe für derartige Gespräche ist mein Buch „Ups, ich komme in die Schule“ (humboldt, 2024).

Manchmal werden die Ängste auch erst nach der Einschulung groß, wenn ein Kind spürt, dass es tatsächlich allein in der Schule bleiben muss, sich unwohl oder unter Druck fühlt. Dann ist es wichtig, dass du die Probleme nicht allein lösen musst. Wir haben eine Schulpflicht in Deutschland, das heißt, du hast erstmal nicht die Wahl, die Hemmschwelle langsam anzugehen. Lehrkraft, Direktorat und schulpsychologischer Dienst gehören im Fall der Fälle mit dir an einen runden Tisch, um eine gute Strategie zu finden, wie dein Kind langsam am neuen Ort ankommen und sich dort sicher und in Beziehung gut aufgehoben fühlen kann.

Und was ist mit deiner Angst?

Wie geht es dir mit dem Thema Schule? Viele Erwachsene verbinden Ängste und schlechte Erinnerungen mit ihrer eigenen Schulzeit, und diese Gefühle werden manchmal wieder stark, wenn die Einschulung des eigenen Kindes ansteht. Hier ist es wichtig, das zu trennen. Dein

Misstrauen würde dein ängstliches Kind zusätzlich verunsichern. Sprich mit anderen Erwachsenen darüber, was dich belastet (hat), und arbeite mit klugem Kopf und den anderen Strategien daran, diese Angst kleiner werden zu lassen. Dein Kind ist ein anderer Mensch in einer anderen Zeit mit anderem Umfeld. Und es hat dich an seiner Seite, um die Herausforderungen durch die Schule zu schaffen. Mein Ratgeber „Miteinander durch die Grundschulzeit“ (humboldt, 2023) kann dir hierbei eine Hilfe sein.

Angst vor Konflikten

Alle Trennungsängste zeigen, wie wichtig Sicherheit, Gewohnheit oder auch Berechenbarkeit und Beziehungen sind. Manchmal fühlen sich die Verbindungen zu unseren Bezugspersonen sogar so wichtig an, dass Konflikte jeder Art Angst machen. Denn ein Streit birgt gefühlt immer das Risiko, dass eine Beziehung endet.

Angst vor Konflikten ist also häufig Angst vor Beziehungsverlust: *„Ich streite mich lieber nicht mit dir, sonst verlässt du mich noch.“* Gerade Kinder, die bereits Beziehungsverluste erfahren haben, sind hier gefährdet, von Verlustängsten übermannt zu werden – beispielsweise, wenn ein Elternteil nach einer Trennung aus ihrem Leben verschwunden ist oder auch bei weniger einschneidenden Erfahrungen. Das können zum Beispiel Strafen wie Auszeiten sein: *„Bleibe ich nach dem nächsten Streit wieder allein? Spricht dann wieder keiner mit mir? Bekomme ich keine Umarmung?“* Das sind für ein Kind bedrohliche Erfahrungen, die Ängste verstärken können.

Und gerade Kinder mit geringem Selbstwertgefühl können große Konfliktscheue entwickeln, denn allein fühlen sie sich klein und schlecht, nur in der Verbindung zu anderen gut und sicher. Das heißt, eine Stärkung des Selbstwerts ist eine gute Grundlage, um Konfliktscheue anzugehen. Es ist nicht immer nur die Angst selbst, die Beachtung und Bearbeitung benötigt.

Mut machen
Dein Kind braucht ein Gefühl von Zutrauen und Liebe: *„Du kannst viel schaffen. Ich glaube an dich!“*

- Wo darf dein Kind das spüren?
- Lässt du es viel ausprobieren, auch wenn dabei mal etwas dreckig wird oder kaputt geht?
- Lässt du es viel mitentscheiden, auch wenn es mal Umstände bedeutet?
- Hat es Kontakte zu anderen Menschen, die ihm gutes Feedback geben?
- Darf dein Kind mutig sein oder hältst du es oft zurück?
- Darf dein Kind Fehler machen und aus ihnen lernen oder wirst du dann sehr kritisch?

Stell dir diese Fragen und versuche, euren Weg gegebenenfalls anzupassen, um deinem Kind mehr Glauben an sich selbst und mehr Sicherheit zu schenken. Dann sind Konflikte weniger schlimm.

Konfliktangst verspüren Kinder erst, wenn sie etwas älter sind und bestimmte Situationen erlebt haben. Das können wie gesagt auch Strafen sein, wenn Eltern ihr Kind nach Streitigkeiten ausgrenzen oder aber ihm danach häufig etwas wegnehmen oder verbieten. Konflikte sind dann nichts, was ein Problem löst und Menschen einander näherbringen kann, sondern sie sind erschreckend und bedeuten auch Verlust von Gegenständen oder Privilegien. Anstatt einen Konflikt zu riskieren, kann es sich bei Kindern mit dieser Angst etablieren, dass sie lügen, weglaufen und vermeiden. Zeigt dein Kind ein derartiges Verhalten, achte darauf, dass ihr lösungsorientierter streitet und dein Kind Raum hat, seine Bedürfnisse zu äußern. Bleib zugewandt im Streit, selbst wenn du sauer bist und Abstand brauchst, kannst du das äußern, ohne dein Kind zu beschämen.

Gut streiten
Im Streit bedeutet Lösungsorientierung, keine Schuld zu suchen, sondern viele Fragen zu stellen und Veränderungen zu erreichen:

- *„Was ist passiert? Was wolltest du? Was hast du gebraucht?"*
- *„Warum ist es schlecht gelaufen? Was könnte nächstes Mal anders sein?"*
- *„Was denkst du, wie es den anderen Beteiligten ging? Warum haben sie so gehandelt?"*
- *„Was könnte ich in deinen Augen machen?"*

Und damit dein Kind spürt, dass seine Bedürfnisse wichtig sind und ausgesprochen werden dürfen, hilf ihm im Alltag, sie zu erkennen und zu formulieren:

- *„Kann es sein, dass du gerade …"* – Hilf ihm mit Vermutungen.
- *„Ich brauche …"* – Zeig ihm, welche Bedürfnisse es gibt.
- *„Was brauchst du?"* – Frag offen, ob dein Kind Ideen hat.
- *„Was kann ich anders machen*?" – Zeig, dass du offen für Veränderungen und Hilfe bist.

Brauchst du eine Pause nach einem Streit, formuliere das mit Bezug auf dich, damit dein Kind sich nicht abgelehnt fühlt:

- *„Mir geht es gerade gar nicht gut. Ich muss mal ganz kurz allein sein, damit ich wieder für dich da sein kann. Ich liebe dich sehr und will es gut machen."*

Und was ist mit deiner Angst?
Wie geht es dir mit Konflikten? Scheust du sie selbst auch? Das geht vielen Erwachsenen so. Allein das Gefühl, es liegt Spannung in der Luft, stresst sie derartig, dass sie lieber Vermeidung wählen. Einerseits begünstigt das einen überfürsorglich-verwöhnenden Erziehungsstil, dessen Nachteile du im Kapitel „Achte auf dein Erziehungsverhalten" ab Seite 47 kennengelernt hast. Andererseits ist das für ein konfliktängstliches Kind kein gutes Vorbild, um das eigene Verhalten

zu ändern. In so einem Fall ist es sinnvoll, wenn ihr gemeinsam vorangeht und Konflikte zulasst sowie sie mit dem Blick auf Lösungen führt: Was braucht die eine Seite? Was braucht die andere? Wie kann das zusammen gehen? Wie sieht ein Kompromiss aus?

Und hast du einen guten Zugang zu deinen Bedürfnissen und traust dich, sie zu äußern? Notier mal, was dich bedrückt, wo dir etwas fehlt, was du gern anders hättest im Leben. Schau dabei nicht auf Wünsche, wie ein Ferienhaus in Südeuropa, sondern auf ganz Grundlegendes: Fühlst du dich gut mit anderen Menschen verbunden? Hast du Platz im Leben für Selbstbestimmung? Erlebst du dich kompetent? Sonst sind das die Bereiche, die du angehen solltest, um dich zu stärken. Es sind die gleichen, die dein Kind für ein gutes Selbstwertgefühl benötigt – den wichtigen Baustein, um letzten Endes keine Ängste mehr vor Konflikten haben zu müssen.

Angst vor anderen Menschen

Egal, ob die Bezugsperson bei ihm ist oder nicht, kann ein Kind Angst bekommen, sobald andere Menschen im Spiel sind. Das können Fremde und Bekannte sein, und sie müssen nicht mal unbedingt erschreckend aussehen oder sich unmöglich verhalten. Manchmal ist es nur eine Andersartigkeit oder die bloße Anwesenheit, die Erwartungsängste schürt: *„Es könnte etwas passieren! Der oder die könnte mir etwas tun! Ich kann den oder die nicht einschätzen!“* Und teilweise sind das nicht mal klare Gedanken, sondern nur wabernde Gefühle. Doch sie reichen aus, damit die Angst kräftig zulegen kann. Dann ist die andere Person deinem Kind nicht geheuer.

Angst im Umgang mit anderen Personen ist belastend, weil sie jeden Tag auftauchen kann, denn andere Menschen trifft man überall: vor der Haustür und sogar daheim. Mit ihnen kann es schwierig sein, ohne sie auch. Und allein der Gedanke *„Was denken die wohl gerade über mich?“* verkompliziert viele Interaktionen, wenn jemand ängstlich ist. Solche „sozialen Ängste“ sind weit verbreitet.

Wenn Fremde Angst machen

Fremde Menschen können in bekannten und erst recht in neuen Situationen Angst aufkommen lassen: *„Ich weiß nicht, was gleich passiert und ob es mir gut gehen wird."* Solch eine Angst ist also erst einmal ein Schutzversuch und damit nicht ganz unsinnig. Sie kann aber in Momenten auftauchen, die du als Erwachsener und Erwachsene durch deine Erfahrung und dein Denkvermögen schon anders beurteilen kannst: Die Ärztin im Notfallzentrum wird helfen wollen. Die Person, die wie ein Mann aussieht und einen Rock trägt, ist nur ungewohnt gekleidet. Der Teenie mit dem Nietenhalsband wird einfach nur Musik hörend an euch vorbeischlendern. Die dunkelhäutige Frau spricht genauso nett mit deinem Kind wie die hellhäutige Nachbarin. Hinter Kinderängsten dieser Art stecken keine politischen Ressentiments, sondern Vorsicht vor noch Unbekanntem. Manchmal löst auch ein bestimmtes Benehmen Vorsicht aus, zum Beispiel, wenn eine fremde Person sehr autoritär und fordernd oder laut auftritt.

Vorsicht und Zurückhaltung sind im ersten Moment durchaus in Ordnung, aber wenn die Angst dann richtig aufkeimt, braucht sie Bewältigung.

Vielfalt schätzen lernen

Kleinere und auch größere Kinder kannst du beschreiben lassen, was sie wahrnehmen:

- *„Was ist denn mit diesem Menschen?"*
- *„Was würdest du dir anders wünschen bei der Person?"*
- *„Womit hat sie dich erschreckt?"*

So kannst du herausfinden, was tatsächlich ängstigt. Sei dabei offen für Aussagen, die vielleicht auch mal politisch unkorrekt klingen. Dein Kind muss die Welt erst noch begreifen. Du kannst sie für es einordnen und dich bemühen, dass die Fremden das nicht unbedingt hören. Zeig deinem Kind, dass „fremd" nicht gleich „gefährlich" bedeutet.

Wenn dein Kind mit seiner Wahrnehmung hingegen recht hat *(„Der ist gemein und eklig laut!")*, solltest du ihm auch zustimmen und ihm zeigen, dass seine Gefühle Berechtigung haben – aber ihr unter Umständen dennoch mit dieser Person, zum Beispiel einem Arzt oder einer Lehrerin, zurechtkommen müsst.

Ein bunter Freundes- und Bekanntenkreis ist hilfreich, damit Berührungsängste vor Fremdheit abnehmen. Unbekannte Menschen in neuen Situationen brauchen außerdem geplante Strategien:

- Bist du dabei, lass dein Kind langsam ankommen. Bitte die fremde Person, sich erstmal mit dir zu unterhalten, und schaue im Verlauf, ob dein Kind sich sanft einbeziehen lässt. Dabei kann es merken, dass nichts Schlimmes passiert und dass es das schaffen kann.
- Wenn es geht, trefft Fremde bei euch zu Hause. Da hat dein Kind Heimvorteil, kann zuerst in Ruhe beobachten und wenn es mag, als Einstieg etwas von seinen Sachen holen und zeigen.
- Es ist hilfreich, wenn ihr im Vorfeld gemeinsam überlegt, was dein Kind machen kann, wenn es sich mit einer oder einem Fremden unwohl fühlt. Wie kann es sich beruhigen? Kann es sich vorstellen oder etwas anderes erzählen, kann es etwas fragen?
- Und wenn es eine beängstigende Situation ist, in der es mit möglicher Gefährdung von einem oder einer Fremden allein angesprochen wird, ist es natürlich wichtig, dass dein Kind weiß, es muss sich nicht auf alle einlassen. Es ist nicht unhöflich, als Kind wegzulaufen und einen Erwachsenen zu suchen, der das Angstgefühl begleitet und einordnet.

Und was ist mit deiner Angst?
Wie gehst du mit fremden Menschen um? Bist du sehr vorsichtig und vermeidest entsprechende Situationen? Hast du Vorurteile? Du bist auch hier ein wichtiges Vorbild. Überlege also gegebenenfalls, wie du dich nach Plan diesen Ängsten stellen kannst. Ihr könnt fremden Menschen auch wunderbar gemeinsam begegnen und es zusammen schaffen, ihnen gegenüber sicherer aufzutreten.

Wenn Geschwister Angst machen

Die kleine wilde Schwester, der große zankende Bruder – diese Menschen sind deinem Kind nicht fremd, aber ihr Verhalten ist es möglicherweise. Manchmal hat ein Kind Angst vor der nächsten Verwandtschaft zu Hause im Kinderzimmer. Das hat meist mit Erfahrung zu tun und dann wiederum mit Erwartungen: Kommt die Kleine immer wieder vorbeigekrabbelt, macht unerwartet jeden Spielaufbau kaputt und haut dem ängstlichen Kind ins Gesicht, kann die Angst entstehen, auf dem eigenen Spielteppich nicht sicher zu sein. Lässt der Große dein ängstliches Kind immer wieder vollkommen unerwartet auflaufen, veräppelt es oder geht hart und unfreundlich mit ihm um, geht es davon aus, dass er ihm nicht wohlgesonnen ist und bleibt ständig zu Hause auf der Hut.

Hier wird deutlich, dass man vor dieser Angst nicht weglaufen kann und sollte, sondern gute Umgangsweisen damit finden muss. Dein Kind braucht Strategien, um sich wieder wohl und sicher fühlen zu können. Das ist durch die geschwisterliche Nähe gar nicht so leicht.

Jedes Kind für sich stärken

Es hilft als erster Schritt, wenn du deinem Kind beschreibst, warum das Geschwisterkind sich deiner Meinung nach so verhält: *„Deine kleine Schwester kann es noch nicht besser. Das ist für sie ein Spiel.“* oder *„Das ist seine Art, mit dir zu spielen, und die ist leider etwas härter.“* Damit ist es aber natürlich nicht getan. Abhilfe muss her, und zu Hause bist du mit in der Verantwortung und musst etwas tun:

- Überleg mit deinem Kind, wie es sich beruhigen kann, wenn die Angst hochkommt. Darf es in deinen Arm? Kann es für sich allein etwas tun und vielleicht dank Plüschtier stärker auftreten?
- Hilf deinen Kindern, viele positive gemeinsame Erfahrungen zu machen. Wo können sie sich als Team erleben? Inzwischen gibt es viele Gesellschaftsspiele schon für die Jüngsten, die man nicht gegeneinander, sondern miteinander spielt.
- Sorge für die Möglichkeit, dass deine Kinder Freiräume haben, in denen sie das Geschwisterkind nicht erleben bzw. in die sie sich zurückziehen können.
- Übe mit deinem ängstlichen Kind Lösungen für die beängstigenden Momente: Wie kann ein Spielaufbau gesichert werden? Wie kann es sich wehren? Wie kann es selbst aktiv werden?

Und was ist mit deiner Angst?

Hast du selbst ein Problem mit einem deiner anderen Kinder, weil sein Verhalten etwas Beängstigendes hat? Das ist kein Grund sich zu schämen. Manchmal kommt das vor, denn besonders distanzloses oder aggressives Verhalten kann einfach Ängste auslösen. Es wird dir helfen, wenn du dir Wissen dazu aneignest, wie bunt die Entwicklung von Kindern sein kann, oder wenn du mit fachlicher Unterstützung hinschaust, warum dein Kind zum Beispiel so wild oder aggressiv agiert. Das zu verstehen ist wie bei jeder Angst der erste Schritt, ihr stark begegnen zu können.

Wenn kleinere Kinder Angst machen

Gerade jüngere Kinder können nicht nur zu Hause Angst machen. In meinen Beratungen höre ich häufiger, dass 3- oder 4-Jährige Angst vor den Kleineren in ihrer Kitagruppe haben. Es klingt dann so, als seien die Jüngeren unberechenbar. Sie betatschen alles, krabbeln los, sabbern, werden plötzlich laut und ungestüm. Ihr Verhalten ist noch nicht vorhersehbar. Es erinnert vielleicht ein bisschen an das einer Spinne, die ja auch Urängste in vielen Menschen auslöst.

Feinfühligkeit stärken
Unberechenbarkeit ist ein guter Nährboden für Ängste. Auch sie macht sehr vorsichtig, genauso wie das Fremde und Unbekannte. Versuche, dein Kind im Umgang mit den Kleineren in vielen Situationen zu begleiten, zum Beispiel bei befreundeten Familien oder am Spielplatz. Beobachtet sie, beschreib deinem Kind, was du wahrnimmst und welche Gründe das kleinere Kind wohl für unerwartetes Verhalten hat. So stärkst du seine Feinfühligkeit, und die wird es nach und nach sicherer und souveräner machen. Und schau mit deinem Kind hin, was es tun kann, wenn es sich unwohl fühlt: Kann es sich vor dem kleineren Kind in Acht nehmen, an einem Tisch oder auf einer erhöhten Fläche spielen? Kann es sich Hilfe holen, wenn ihm das kleine Kind zu nahe kommt? Wie kann es ihm behutsam zeigen, wo seine Grenze liegt? Oft wird es dabei noch Unterstützung von Erwachsenen benötigen.

Und was ist mit deiner Angst?
Wie gern verbringst du Zeit mit kleineren Kindern? Bist du feinfühlig mit ihnen? Dann zeig es deinem Kind immer wieder. Und wenn du dich mit dem Kontakt auch schwertust, solltet ihr gemeinsam auf jüngere Kinder (natürlich samt deren Eltern) zugehen und probieren, zu kommunizieren und miteinander zu spielen.

Wenn große Gruppen Angst machen

Viele Menschen auf einmal überfordern auch Erwachsene häufig. Ein ängstliches Kind leidet hier besonders schnell. Da ist nicht nur eine fremde Person, jemand, der oder die vielleicht gefährlich sein könnte, etwas Unangenehmes fragt oder macht, sondern ganz viele. Handelt es sich um Erwachsene, sind sie nicht mal auf seiner Augenhöhe, und handelt es sich um Kinder, sind sie durch Gruppendynamik vielleicht extra wild. Hat dein Kind das einmal erlebt und sich dabei nicht gut gefühlt, kann die Angst eine große Hemmschwelle erzeugen, das erneut anzugehen. Die Situation ist zu unberechenbar.

Sicherheit geben
Kleinkindern kannst du in der Regel sagen und zeigen, dass sie nicht allein sind und dass du dabei hilfst, in der großen Gruppe, vielleicht auf einer Familienfeier, gut anzukommen:

- *„Ich bin bei dir. Du startest auf meinem Arm, wenn du möchtest. Und du musst mit niemandem sprechen. – Was kann ich noch für dich tun?“*
- *„Es ist total okay, wenn du dein Gesicht bei mir versteckst. Wir schaffen das gemeinsam.“*

Und im weiteren Verlauf kannst du deinem Kind helfen, nach und nach bei einzelnen Personen in der Gruppe anzudocken, damit es sich sicherer fühlt.

Einem größeren Kind, das einer solchen Gruppe unter Umständen allein begegnen muss, solltest du dabei helfen herauszufinden, was ihm Angst macht: dass es etwas Falsches sagen könnten, von einer Gruppe unangenehm beäugt wird – oder was ist es genau? Und dann überlegt vor dem nächsten Mal, was dein Kind sagen oder tun könnte oder wie wenig schlimm es wäre, nicht immer perfekt zu reagieren.

Du kannst auch gut von dir erzählen, falls es mal eine große Runde gab, in der du dich (als Kind oder im Erwachsenenalter) unwohl gefühlt oder vielleicht sogar blamiert hast. Wie ist das abgelaufen? Was war gut? Was hättest du aus heutiger Sicht noch anders gemacht?

In großen Gruppen spielt oft besonders Bewertungsangst eine Rolle: *„Werden die mich peinlich finden? Werde ich mich blamieren? Wird man mir meine Angst ansehen?“*

Gegen diese Ängste hilft vor allem, grundlegend das Selbstwertgefühl zu stärken. Sorge für viele Momente und Beziehungen zu anderen Menschen, in denen dein Kind spüren kann, dass es etwas gut kann, dass es geschätzt wird, dass es etwas selbstbestimmt schafft. Das können Aufgaben im Haushalt sein, etwas Handwerkliches, kleine ehrenamtliche Aufgaben, wie Nachbarschaftshilfe oder Tierpflege, oder aber auch ein geliebtes Hobby. Jedes bisschen Stärkung macht den Rücken gerader, das Gefühl souveräner. Zusätzlich bleiben die oben genannten Gespräche wichtig: Niemand ist perfekt, und das ist auch nicht nötig.

Und was ist mit deiner Angst?

Kommst du in großen Gruppen zurecht? Sonst übt die in diesem Abschnitt genannten Strategien beide. Hilfreich kann es sein, sich in den Übungsmomenten einen Anker zu suchen: eine Person, einen Satz, ein Thema, eine Sitzposition im Raum. Womit oder mit wem fühlst du dich sicher und wohl? Dahin kannst du dich immer wieder zurückziehen, um deine Hemmschwelle zu überschreiten und zu spüren, dass du in Gruppen zurechtkommen kannst. Findet dein Kind auch solche Anker?

Wenn Nähe und Berührungen Angst machen

Nicht nur Entfernung von der geliebten Bezugsperson kann Angst machen, sondern manchmal auch große Nähe und Berührungen. Meistens bezieht sich das dann eher auf fremde Personen, aber teilweise können es auch die Annäherungen der Liebsten sein. Wenn du das bei deinem Kind beobachtest, solltest du den Unterschied zwischen einer körperlich motivierten und einer emotional ausgelösten Angst kennen.

Angst wegen empfindlicher Haut

Ist ein Kind beispielsweise überempfindlich, was Reize auf der Haut angeht, kann es passieren, dass es Angstreaktionen zeigt, wenn jemand Bekanntes es streicheln oder massieren möchte. Das ist ihm dann zu viel und bereits erlebte Überreizung verursacht die Angstgefühle. Vermutlich zeigt es ein ähnliches Verhalten bei kratzigen Stoffen oder ungewohnt steifen Textilien. Die Angst hat eine eher körperliche Ursache. Helfen kann ein langsames Fördern der Wahrnehmung über die Haut, beispielsweise mithilfe der Impulse aus meinem Buch „Mit allen Sinnen wachsen“ (humboldt, 2023). Einfache Möglichkeiten sind die Verwendung ganz unterschiedlicher Materialien zum Kneten und Matschen, das Erfühlen verschiedener Oberflächen oder Massagen mit wechselndem Druck.

Angst vor Berührungen durch Fremde

Ist ein Kind schreckhaft bei Berührungen von Fremden, gehört das eher zu dem Themenbereich aus dem Kapitel „Wenn Fremde Angst machen“ ab Seite 138. Mag es sich nicht von jemand anderen über die Haare streichen lassen, ist das ja erstmal eine gute Vorsicht. Reagiert es jedoch bei jedem Händedruck mit Panik, wäre das wieder ein Fall für den 6-Schritte-Plan gegen Angst: Was steckt genau dahinter? Wovor fürchtet es sich? Könnt ihr darüber sprechen, es realistisch einordnen und gegen die Hemmschwelle antrainieren?

Spielerisch Lösungen finden

Einem Kleinkind kannst du immer wieder Mut zusprechen und versuchen, es spaßig über die Hemmschwelle zu bekommen:

- *„Du magst die Hand nicht geben? Dann versuchen wir es anders. Heute winken wir, nächstes Mal stupsen wir die Fäuste aneinander und winken noch dazu. Oder was würdest du tun?“*
- *„Weißt du schon, wie Hunde sich begrüßen können? Stell dir vor, Opa wäre dein Hund und gibt dir ein Pfötchen. Wie würdest du es nehmen?“*

Versuche also, spielerisch heranzugehen. Dabei geht es nicht darum, dass dein Kind über körperliche Grenzen geht: Es darf sehr wohl entscheiden, wem es eine Hand geben mag oder gar wer ihm einen Kuss auf die Wange drücken darf. Nein heißt immer nein und sollte unbedingt auch zu Hause stets gehört werden.

Aber beim Händeschütteln zur Begrüßung oder auch zum Bedanken sind noch andere Aspekte wichtig: Wie fühlt sich der andere, wenn man es verweigert? Darüber solltet ihr etwa ab 4 Jahren sprechen, damit dein Kind die Gedanken miteinbeziehen kann. Und warum ist die Hemmschwelle da? Wovor genau hat dein Kind Angst? Hier kannst du ab dem Vorschulalter genauer nachhaken:

- *„Glaubst du, der Händedruck tut weh? Oder macht dich schmutzig?“*
- *„Was glaubst du, könnte passieren?“*

Könnt ihr die Bedenken im Gespräch entkräften und kann dein Kind sich mit dem 6-Schritte-Plan ans Üben heranwagen?

Angst vor Nähe in Beziehungen

Ist ein Kind verängstigt, wenn seine Bezugspersonen ihm Nähe zeigen möchten, kann das ein Anzeichen für schlechte Erfahrungen mit anderen Bezugspersonen sein. Ein extremes Beispiel wäre ein Kind, das von einem Elternteil wiederholt geschlagen wurde und daraus eine Bindungsstörung entwickelt und keine Nähe mehr zulassen kann. Weniger heftig wäre wieder eine strafende Bezugsperson, die mal liebevoll ist, aber mal auch sehr distanziert und hart. Das kann in einem Kind zumindest Bindungsunsicherheiten auslösen, die sich als Angst vor Nähe in Beziehungen zeigen kann.

Solch ein Kind mag sich vielleicht nicht immer auf die Eltern einlassen, weil es sie nicht als verlässlich empfindet, oder es kann sich nicht an eine Erzieherin in der Kita binden. Das kann sich dann als ängstlicher Rückzug zeigen, aber teilweise auch als aggressiver Angriff – und zwar nicht nur ab und zu, sondern kontinuierlich. Bindungsunsicherheiten bei einem Kind brauchen eine fachliche Einschätzung und unter Umständen therapeutische Hilfe.

Solch eine Angst hast du vermutlich eher nicht bei deinem Kind bemerkt, als du zu diesem Buch gegriffen hast? Eine derart extreme Ausprägung ist in Familien, deren Mitglieder größtenteils sehr fürsorglich miteinander umgehen, eher selten. Kleine ablehnende Momente oder Phasen kann es geben, in der beispielsweise nur Papa gewollt und Mama abgelehnt wird. Das beruht aber nicht auf solch einer Angst oder Bindungsunsicherheit, sondern ist eher der Versuch, den allerliebsten Wunsch durchzudrücken, ohne dass Variante 2 ein Weltuntergang wäre.

Und was ist mit deiner Angst?

Wie sieht es bei dir aus? Magst du Nähe zulassen? Tun dir Berührungen gut? Sind nur die Reize auf der Haut das Problem, so kannst du dich mit deinem Kind gemeinsam ins Fördern der Wahrnehmung stürzen und ganz bewusst immer wieder viele verschiedene Materialien an dich heranlassen.

Kannst du dich auf verschiedene Beziehungen einlassen? Fallen dir Nähe zu anderen, auch bekannten Menschen und Beziehungen im Allgemeinen schwer, sodass du tatsächlich Angst davor hast und sie vermeidest, ist es sinnvoll, mit Unterstützung genauer hinzuschauen. Eine psychotherapeutische Begleitung kann bei Bindungsunsicherheiten und -ängsten das Richtige sein. Geht es vornehmlich um die Nähe zu deinem eigenen Kind, suche dir pädagogische Unterstützung oder lies „Wenn dein eigenes Kind dir fremd ist (und es deinem Kind mit dir genauso geht)" von Dr. Oliver Dierssen (Mosaik, 2022). Wenn du diese Ängste für dich besser zu Begleiterinnen als Bestimmerinnen machen kannst, kannst du deinem Kind in diesem Bereich Hilfe und Vorbild sein.

Wenn Sprechen (vor anderen) Angst macht

Dass Schüchternheit und Zurückhaltung oft gepaart mit Angst auftreten, ist nicht verwunderlich: Das Angstgefühl ist so groß, dass man nur langsam in eine Interaktion mit anderen Menschen startet. Manchmal geht es aber so weit, dass ein Kind vor Angst nicht mal spricht. Das muss nicht unbedingt bedeuten, dass ihm das Sprechen selbst (zum Beispiel bestimmte Wörter oder Themen) Angst macht, sondern eher die Reaktionen der anderen. Beides ist möglich. Und beides erschwert das Miteinander.

Sprechen ist wichtig, um verstanden zu werden und die eigenen Bedürfnisse einfordern zu können. Es ist auch wichtig, um Probleme zu lösen und um Freunde zu finden. Darum kann Angst in diesem Bereich schon im Kindergartenalter und erst recht in der Schulzeit schnell zur Bestimmerin über ein Kind werden. Die Hemmschwelle zum Reden wird unter Umständen so groß, dass es sich nicht richtig mitteilen und nicht richtig am Leben mit den anderen teilnehmen kann. Und spricht solch ein Kind dann doch, kann es ihm dabei richtig schlecht gehen, einschließlich Herzrasen und Schweißausbruch. Umfassende Anregungen für reine Schüchternheit, die sich nicht als ständige, heftige Angst zeigt, findest du in meinem Buch „Mein wunderbares schüchternes Kind" (humboldt, 2021).

Gut vorbereiten
Wie bei allen Ängsten ist auch hier besonders wichtig, die Angst nicht herunterzuspielen und das Kind nicht in Sprechsituationen zu zwingen. Du kannst ihm Wörter aber auch andere Kommunikationsformen anbieten: Sing mit ihm, nutze Gesten und Mimik und beschreibe, was du mit deinem Gesicht oder Körper zeigst. Gib deinem Kind immer wieder die Chance zu sprechen und übernimm nicht sofort. Redet es zu Hause und hat nur in fremder Umgebung Angst zu sprechen, übt spielerisch, wie man ein Gespräch anfangen, weiterführen oder beenden kann.

Etwa ab 4 oder 5 Jahren könnt ihr den 6-Schritte-Plan anwenden:

- Frag dein Kind, wovor es genau Angst hat, und findet Wissen dazu und Strategien für den Umgang damit, wie zum Beispiel vorab überlegte Startersätze. (Wissen)
- Betrachtet seine körperlichen Reaktionen und sucht Strategien zur Beruhigung. (Wahrnehmen und Planen)
- Übe mit deinem Kind gemeinsam und vor dem Spiegel eine aufrechte Körperhaltung mit geraden Schultern und fest auf dem Boden stehenden Füßen. Filmt euch vielleicht gegenseitig mit dem Handy, um zu sehen, wie sich die eigene Sicherheit dadurch verändert. (Planen und Üben)
- Spielt verkaufen oder telefonieren. (Planen und Üben)

In der Grundschule ist es hilfreich, wenn du die Klassenleitung mit ins Boot holst. Auch hier ist Druck nicht sinnvoll.:

- Darf dein Kind weit vorn sitzen und leise antworten?
- Kann es beim Sprechen an die Wand schauen statt in die Runde oder in die Augen seines Gegenübers?
- Kann es das Sprechen in Zweierteamarbeiten statt Gruppen üben?
- Helfen Motivationskarten der Lehrkraft, damit dein Kind sich jede Stunde einmal melden mag?

Und überlegt wieder zu Hause, welche Wörter, Themen und Reaktionen die meisten Ängste machen und geht sie mit dem 6-Schritte-Plan an.

Schließe bitte auch aus, dass eine körperliche Ursache vorliegt, die dein Kind beim Sprechen hemmt. Das heißt, die Vorsorgeuntersuchungen sollten alle gemacht sein und gegebenenfalls hilft eine pädaudiologische Praxis dabei, beispielsweise nichts in der Wahrnehmungsverarbeitung zu übersehen, selbst wenn das Ohr an sich gesund sein mag.

Zeigt sich die Angst vorm Sprechen langanhaltend, also über mehrere Monate hinweg, und spürst du einen Leidensdruck bei deinem Kind, weil es sich nicht mit anderen verständigen kann oder in der Schule ständig negatives Feedback bekommt? Dann ist es sinnvoll, eine ärztliche Einschätzung einzuholen, ob dein Kind therapeutische Hilfe benötigt. „(Selektiver) Mutismus", wenn dein Kind nicht spricht, obwohl es das schon kann, ist eine anerkannte Diagnose. Manchmal ist das Nicht-Sprechen aber auch ein gezielt eingesetzter Weg deines Kindes, sich wieder mächtig zu fühlen, und passiert nicht aus Überlastung, sondern mit Absicht. Auch das ist aber ein Problem, und dein Kind sollte mit therapeutischer Hilfe einen besseren Plan entwickeln.

Und was ist mit deiner Angst?

Aber schauen wir noch auf dich: Wie geht es dir, wenn du spontan etwas verbal regeln musst? Wenn vielleicht beim Elternabend ein Wortbeitrag von dir angebracht wäre? Wie fühlst du dich, wenn dich jemand Fremdes anspricht und eine längere Antwort erwartet? Wie geht es dir mit dem Gedanken, mit fremden Menschen telefonieren zu müssen? Kannst du das alles gut, dann bist du deinem Kind ein gutes Vorbild. Vielleicht kannst du mehr mit ihm darüber reden, wie du in Gespräche mit anderen gehst. Was hilft dir? Was denkst du vorab?

Hast du in diesen Situationen Probleme, solltest du dich ihnen auch mit dem 6-Schritte-Plan stellen: Was macht dir Angst? Wie kannst du dich beruhigen? Mit welchen kleinen Schritten kannst du deine Hemmschwelle angehen? Mit wem kannst du darüber reflektieren?

Angst vor Bewertungen durch andere

Viele der schon beschriebenen Ängste hatten bereits mit Bewertung zu tun, zum Beispiel das Sprechen oder das Zurechtkommen in einer großen Gruppe. Bewertungsangst ist vielgestaltig. Mal geht es darum, was die anderen wohl von einem denken könnten. Mal darum, ob man wohl genug Leistungsstärke für dieses Leben mitbringt. Dann hat man gar nicht so viel Angst, ausgelacht zu werden, sondern zweifelt vielleicht eher an der eigenen Kompetenz.

Hinter beiden Ausprägungen dieser Angst steckt ein vermindertes Selbstwertgefühl: *„Ich kann das nicht. Ich schaff das nicht. Ich bin mangelhaft."* Und das kann in ganz unterschiedlichen Momenten zum Tragen kommen, zum Beispiel:

- bei Benotungen
- im Sport bzw. wenn Bewegungsabläufe gelingen sollen
- bei Vorträgen und jedem Sprechen oder Handeln vor Zuschauern und Zuschauerinnen
- bei alltäglichen Handgriffen

Zeigt sich dann die Angst, kann dein Kind gehemmt sein und gar nicht erst anfangen. Oder aber es startet und gerät körperlich und im Kopf so unter Druck, dass es ihm in diesen Momenten richtig schlecht geht.

Wenn Fehler und Prüfungen Angst machen

Bewertungsangst, Leistungsangst, Prüfungsangst, Schulangst, Versagensangst – alle diese Begriffe meinen etwas sehr Ähnliches, nämlich die Angst davor, zu scheitern, nicht perfekt zu sein und vielleicht von anderen dabei gesehen und schließlich ausgelacht oder für dumm gehalten zu werden. Dahinter stecken große Selbstzweifel und manchmal auch der Gedanke oder die Erfahrung, dass Fehler etwas Schlimmes seien.

Wie ist der Umgang mit Fehlern in eurer Familie? Die Fehlerkultur zu Hause hat eine große Bedeutung dafür, wie locker Kinder Fehler sehen können oder nicht. Vielleicht war dir das Thema noch gar nicht so bewusst, aber schau bitte mal hin, ob Fehler bei euch sein dürfen, ihr sie zusammen anschaut und daraus für die Zukunft lernt oder ob sie zu Vorwürfen, Schimpfen und Ärger führen. Es geht nicht darum, dass du mal laut wirst, wenn der Kakaobecher umgeworfen wird oder ein Mathetest schlecht ausfällt, weil dein Kind dachte, es müsse nichts lernen. Die Fehlerkultur ist schlecht, wenn es in solchen Situationen im Grunde immer Stress bei euch gibt, obwohl Fehler doch sehr menschlich und fürs Lernen sogar eine gute Sache sind.

Ist eure Fehlerkultur gut, kann dein Kind dennoch den Eindruck haben, es dürfe keine machen. Zum einen gibt es auch außerhalb der Familie viele Situationen, wo es erleben kann, dass Mankos angeblich etwas ganz Schlimmes sind. Und zum anderen kann ihm auch allein sein Gefühl sagen, dass jeder Fehler bedeutet, dass es ein schlechter, nicht wertvoller Mensch sei. Das klingt fürchterlich, aber ein geringes Selbstwertgefühl kann solch ein Gefühl mit sich bringen. Und wie gut es um den Selbstwert bestellt ist, hat nicht immer damit zu tun, dass einem Kind zu Hause fürchterliche Glaubenssätze über sich selbst mitgegeben werden. Auch in einem sehr fürsorglichen, zugewandten Elternhaus kann ein Kind mit seinem Selbstwert kämpfen, denn wie optimistisch und von uns selbst überzeugt wir sind, ist auch teilweise angeboren. Ist dein Kind also eher selbstkritisch und dazu möglicherweise noch angstsensitiv, erlebt es sich häufig als nicht so selbstständig und kompetent. Das kann schon ausreichen, um Leistungsangst zu schüren.

Fehler schätzen lernen

Diese Angst ist besonders im Schulalter häufig, kann sich aber auch schon vorher zeigen. Meidet dein Kind viele Situationen, in denen andere es beobachten und bewerten könnten, oder zeigt große Ängste, wenn es sich doch in diese Momente hineinwagt, braucht es von dir Unterstützung. Kleinkinder brauchen die Sicherheit, dass Fehler okay sind und dass sie nicht alleingelassen werden:

- *„Oh, das bringen wir zusammen wieder in Ordnung.*
  Und nächstes Mal nimmst du lieber die andere Flasche.“

- *„Ich gehe mit dir zur Balancierstange und hole dich jederzeit runter, wenn du dich unwohl fühlst wegen der anderen Kinder."*
- *„Es war nicht okay, dass der Erzieher dich wegen des kaputten Stifts so vor den anderen Kindern ausgeschimpft hat. Wir regeln das gemeinsam."*

Mit einem Schulkind kannst noch besser sprechen und den 6-Schritte-Plan bedenken:

- *„Es ist total in Ordnung, Bammel vor Prüfungen zu haben. Das macht auch konzentrierter. Aber beschreib mir, was genau passieren könnte, sodass du solch eine Angst hast?"* (Wissen und Wahrnehmen)
- *„Passieren den anderen Kindern nie solche Fehler?"* (Planen: mentale Entspannung)
- *„Was macht dein Körper? Lass uns überlegen, wie du ihn beruhigen kannst."* (Planen: körperliche Entspannung)
- *„Denkst du am nächsten Tag noch darüber nach, wenn ein anderes Kind mal etwas Falsches in Sachkunde gesagt hat?"* (Planen: mentale Entspannung)
- *„Wenn du nach vorne zum Lehrer sprichst, sehen die meisten anderen dein Gesicht gar nicht."* (Planung: mentale Entspannung)
- *„Hast du schon mal versucht, mitzulachen, wenn du dich versprochen hast? Hast du schon mal versucht, deine Zunge dann ein bisschen zu lockern?"* (Planen: körperliche und mentale Entspannung)

Welche Ideen kommen euch noch, wenn ihr den 6-Schritte-Plan nutzt?

Es wird nicht so rasch gehen, dass dein Kind diese Ängste gut bewältigen kann. Das braucht viel Übung und gute Erfahrungen. Es ist wichtig, dass du nicht ungeduldig wirst, aber dein Kind auch nicht. Vielleicht wird es mal verzweifeln und glauben: *„Das schaffe ich nie!"*

Dann solltest du voller Zutrauen bleiben und den Blick gemeinsam mit deinem Kind auf ganz, ganz kleine Schritte legen. In Bezug auf Kindergarten oder Schule kannst du außerdem die dortigen Bezugspersonen an Bord holen, damit sie verstehen, was in deinem Kind los ist, und es auch feinfühlig begleiten können.

Und was ist mit deiner Angst?
Wie gehst du denn mit Fehlern um? Bist du perfektionistisch und macht dir das Druck und Angst, oder kannst du sie als Helfer sehen? Kommst du mit Prüfungssituationen zurecht und kannst dich Bewertungen stellen oder stresst dich das schlimm? Wenn Versagensangst dich auch sehr einschränkt, geh sie mit deinem Kind gemeinsam an. Aus welchem Fehler hast du zuletzt gelernt? Welche gemeine Bewertung war eigentlich gar nicht wichtig? Sprecht darüber.

Wenn Publikum Angst macht

Noch „größer“ als Situationen zu Hause oder in der gewohnten Kindergartengruppe oder Schulklasse sind Situationen vor vielen Fremden, zum Beispiel bei einer großen Feier oder auch bei Aufführungen und Sportveranstaltungen. Dann hat dein Kind es mit einem richtigen Publikum zu tun. Das vergrößert die Zahl der möglichen Menschen, die bei einem Fehler lachen oder ein schlechtes Bild von deinem Kind mitnehmen könnten.

Die Angst davor kann gerade im Grundschulalter riesig werden, weil in dem Alter der Blick der Kinder intensiv nach draußen und auf die anderen geht: Wie bin ich im Vergleich mit ihnen? Bin ich gut genug? Mögen sie mich? Bin ich der oder die Beste?

Und auch die Reaktionen auf die Angstgefühle können sehr intensiv werden: Bauchweh, Übelkeit, Kopfschmerz, Zittern, verlorene Sprache oder gar ein „Blackout“, also alles zu vergessen, was man vorbereitet hatte. Der Umgang mit dieser Angst braucht daher besonders intensiv eine grundlegende Stärkung deines Kindes, aber auch Akutstrategien.

Ermutigen
Grundlegend brauchen Kinder mit dieser Angst Hilfe dabei, ihren Selbstwert zu erkennen. Sprich mit deinem Kind:

- *„Was kannst du gut?“*
- *„Was macht dir Spaß, auch wenn du es nicht gut kannst?“*
- *„Findest du mich doof, weil ich langsamer radle als du?“*
- *„Welches Ziel würdest du gern erreichen? Welche kleinen Schritte könntest du dahin gehen?“* (Das darf sich gern auf eine Leidenschaft oder ein Hobby deines Kindes beziehen und mal nicht auf die Angst.)

Und sorg für Momente, in denen es sich als wertvoller und kompetent erleben kann und auch andere als du ihm mal sagen, wie hilfreich, schön oder lustig sein Tun war.

Vor den tatsächlichen Angstmomenten kannst du mit deinem Kind noch diese Aspekte besprechen:

- *„Die Angst ist Aufregung und die heißt auch ‚Lampenfieber‘. Das haben ganz viele Menschen, auch welche, die jeden Tag auf einer Bühne singen. Sie fühlt sich nicht gut an, aber sie hat auch einen Sinn: Man gibt sich dann ganz viel Mühe und ist besonders konzentriert. Kannst du spüren, wie sie dir hilft, genau an das zu denken, was du machen willst?“*
- *„Vor Publikum geht es mit oft besser, wenn ich keinen Blickkontakt zu irgendjemandem habe. Vielleicht magst du auch versuchen, über die Menschen zu gucken?“*
- *„Vor Publikum geht es mir oft besser, wenn ich mich auf ein freundliches Gesicht konzentriere. Die Person lächelt vielleicht manchmal und nickt mir freundlich zu. Ich bin sicher, so einen Menschen entdeckst du auch.“*
  Welche Gedanken helfen dir noch in ähnlichen Momenten?

Ermutige dein Kind zu „Auftritten vor Publikum“, aber zwing es nicht. Es muss nicht nur im Theater, sondern auch im übertragenen Sinne ebenso Zuschauer, Beleuchterinnen, Regisseure und Souffleusen geben. Dein Kind muss nicht immer im Rampenlicht stehen. Will es das allerdings und schafft es wegen der Angst nicht, folgt dem 6-Schritte-Plan: Was macht der Körper und was braucht er? Was machen die Gedanken, und wie können sie ruhiger werden?

Und was ist mit deiner Angst?
Was löst der Gedanke an einen Auftritt vor Publikum in dir aus? Könntest du beim Sommerfest im Kindergarten ein paar Worte über die nette Erzieherin sagen, die leider die Stelle wechselt? Könntest du im Tanzkurs vor zwölf anderen Augenpaaren die neuen Schritte vorführen? Für dich gilt das Gleiche wie für dein Kind: Was du nicht machen musst und nicht machen möchtest, dazu musst du dich auch nicht quälen. Aber würdest du gern etwas davon schaffen oder gehört es zu deinem Job und es gelingt dir nicht oder macht dich jedes Mal fix und fertig und schweißgebadet, dann ist das dein Angstthema, das du mit dem 6-Schritte-Plan bewältigen solltest, um deinem Kind eine gute Hilfe sein zu können.

Angst vor Veränderungen

Schon kleine Kinder mögen Veränderungen nicht so gern. In der Fremdelphase (siehe Seite 23) merken sie das erste Mal, dass etwas anders wird und sie sich dabei unwohl fühlen: wenn der Papa sich zu weit entfernt oder die fremde Frau sich nähert, obwohl die Mama gerade nicht in Reichweite ist. Und ein bisschen was davon bleibt, denn Fremdes und Unbekanntes lösen in der Regel immer erst einmal aus, dass man nicht mehr klar weiß, wie man sich verhalten muss. Darum lieben Kinder Rituale so sehr. Gewohnheiten geben Sicherheit:

immer die gleichen Geschichten, immer die gleichen Lieder, immer der gleiche Spielplatz, immer der Aufzug, nicht die Treppe bei Oma. Klar, manchmal sind sie wild auf Neues, wollen den anderen Weg nehmen, das neue Hörspiel hören, aber dann auch lieber selbstgewählt und nicht von anderen entschieden.

Veränderungen machen auch uns Erwachsene noch leicht nervös: *„Ich weiß nicht, was das genau bedeutet und was ich tun muss."* Aufgrund unserer Lebenserfahrung und unserer geistigen Fähigkeiten kommen wir damit oft rasch klar, aber ein Kind ist noch nicht so weit. Ein neuer Kindergarten, die Geburt eines Geschwisterkindes, ein Umzug, eine fremde Stimme im Wohnzimmer und manchmal nur neue Schuhe oder ein anderes Brot können die Angst aufwecken und Abwehr auslösen: *„Ich will das nicht. Ich will, dass alles wie immer ist."*

Großwerden ist oft toll. Dein Kind kann mehr und darf mehr, kann vieles allein ausprobieren und entscheiden, kann sich selbstbestimmt fühlen. Aber dabei werden auch die unbekannten Situationen und Veränderungen zahlreicher. Macht sich dann Angst bemerkbar, geht es nicht so sehr um das Neue, Fremde, sondern vor allem darum, dass dein Kind das Gefühl bekommt, seine Welt nicht mehr kontrollieren zu können. Sie ist unsicher und unberechenbar geworden.

Mitbestimmung spüren

Solch ein Gefühl von Kontrollverlust ist im Kindesalter selten ein bewusster Vorgang. Aber schon Kleinkinder spüren es ganz intensiv, und das macht Stress. Egal, ob das 2-jährige Kind ein Geschwisterchen bekommen hat oder der 7-jährige Grundschüler einen neuen Babysitter vorgestellt bekommt: Beide können sich überfordert und belastet fühlen. Sie wissen nicht, was auf sie zukommt, und brauchen Beruhigung und Sicherheit, damit sie keine Angstsymptome zeigen, ständig vor diesen Situationen weglaufen oder aber ihre Angst hinter Wut verstecken.

Bezieh dein Kind bei Veränderungen so gut ein, wie du kannst:

- Was kann es rund um die Veränderung mitbestimmen? Wo kann es aktiv werden?
- Was kann es daran kontrollieren? Hilf ihm dabei, Mitbestimmung zu spüren.
- Was ist im Vorfeld in Bezug auf die Veränderung schon klar? Nicht alles kommt überraschend.

Stell deinem Kind auch möglichst immer viele Fragen dazu, damit es sich gesehen fühlt:

- Was denkt es über die Veränderung?
- Was macht ihm Bauchweh?

Und versuche, seinen Blick darauf zu richten, was an der Veränderung gut ist.

Und was ist mit deiner Angst?
Wie gut kommst du mit Veränderungen zurecht? Machen sie dir auch Angst? Dann denk an den 6-Schritte-Plan und befasse dich vor allem damit, was dich beruhigen kann und was du unternehmen kannst, wenn sich Dinge ändern, ohne dass du Einfluss darauf hast. Such dir Macht, auch wenn du die Veränderung nicht gänzlich in der Hand hast. Was kannst du kontrollieren? Was an der Veränderung ist gut? Und beobachte dich im Verlauf: Merkst du, dass die Veränderung gar nicht so schlimm und bedrückend ist? Und du gar nicht so ohnmächtig bist, wie du dachtest? Damit wird es für dich jedes Mal einfacher werden, Veränderungen anzugehen, und das kann dein Kind sich wieder zum Vorbild nehmen.

Wenn Verantwortung und Entscheidungen Angst machen

Wenn eine Veränderung doch in der eigenen Hand liegt, kann es durch bestimmte Erfahrungen zu Angst kommen – gerade, weil man Kontrolle hat. Tut dein Kind sich schwer mit Entscheidungen? Manchmal sogar nur, wenn es um eine Stiftfarbe oder eine Marmelade geht? Das kann dazu führen, dass es aus Angst gar nicht mehr entscheiden mag, immer andere fragt oder heftig reagiert, wenn es entscheiden soll. Dann ist die Angst wieder die Bestimmerin und verhindert sein Entscheiden.

„Ich bin dafür verantwortlich!“ – Den Satz kann ein Kind stolz sagen oder aber sehr traurig und geknickt. Wenn etwas schiefgelaufen ist, nachdem es eine Entscheidung getroffen und eine Veränderung angeleiert hat, kann das dazu führen, dass ein Kind zukünftig Angst davor hat, wieder etwas zu entscheiden. Manchmal muss dafür nicht mal etwas tatsächlich schlecht ablaufen, sondern es reicht nur das Gefühl, dass eine andere Person dem Kind vermittelt: *„Es ist eigentlich immer deine Schuld.“*

Schuldsuche in abwertender Art und Weise pikst jeden in seinem Selbstwertgefühl. Kinder erst recht, denn sie können sich von dem Gefühl noch nicht gut abgrenzen. Nach Schuld zu fragen, hat im familiären Miteinander nur Sinn, wenn man damit bezweckt, etwas zu lösen, zu verändern, damit es nicht mehr schlecht läuft: An welcher Stelle lässt es sich nächstes Mal besser machen? Eine gute Fehlerkultur zu Hause ist also ein wichtiger Baustein, um derartige Ängste in deinem Kind gar nicht so groß werden zu lassen.

Risiken schätzen lernen

Diese Angst kann nur nach und nach entstehen, wenn dein Kind immer autonomer wird und Verantwortung für sich und andere übernimmt: wenn es im Supermarkt die Soße für das Abendessen aussuchen darf, wenn es auswählen darf, wie sein Geburtstag gefeiert wird, aber auch wenn es selbst formulieren kann, welche Käsesorte auf sein Frühstücksbrot soll. Im Nachhinein kann sich seine Entscheidung als „falsch“ herausstellen. Dann fühlt es sich damit nicht mehr wohl.

Zeigt es diese Angst, ist die Frage danach wichtig, was genau ihm schlechte Gefühle macht: *„Was könnte denn passieren?“*

Wichtig ist, dass du solche Situationen dann nicht vermeidest, auch wenn dein Kind dich ständig bittet, ihm Entscheidungen abzunehmen:

- *„Das musst du entscheiden. Es kann passieren, dass du dich nicht immer richtig entscheidest. Aber das ist nicht schlimm. Dann lässt sich auch immer eine Lösung finden!“*
- *„Ich habe mich auch schon falsch entschieden, zum Beispiel als …“*

Erzähle also wieder von dir. Zeig, dass dein Kind nicht allein ist mit seinem Erleben. Je jünger es ist, desto heftiger wird es wahrscheinlich reagieren, wenn du ihm seine Entscheidung nicht abnehmen magst. Dann ist es wichtig, dass du es in seinen Gefühlen begleitest, ihm beim Beruhigen hilfst, aber nicht ständig übernimmst. Es muss immer wieder etwas wagen, ein Risiko eingehen, um zu merken, dass das gar nicht schlimm ist. Manchmal kommt Gutes dabei heraus, und wenn nicht, lässt sich das auch händeln.

Und was ist mit deiner Angst?

Wie gut kannst du dich entscheiden? Wie gern übernimmst du Verantwortung? Bist du hier ein gutes Vorbild, oder gibst du Verantwortung auch gern ab? Falls du in diesem Bereich eigene Ängste hast, schau unbedingt dahinter. Welche Erfahrungen hast du gemacht? Woran warst du angeblich schuld? Jede Entscheidung ist eine neue Chance. Du bist nicht mehr in der alten Situation. Auch eine „falsche“ Entscheidung ist in der Regel nicht das Ende der Welt, sondern zu bewältigen. Probiere es aus.

Angst um den Körper und die Gesundheit

Ohne einen gesunden Körper kann weder dein Kind noch kannst du unbeschwert leben. Darum können hierzu viele Ängste entstehen, denn die Gesundheit ist so wertvoll, Schmerzfreiheit so erstrebenswert. Und das Leiden bei Bezugspersonen oder gar ihr Verlust verursachen starke, furchtbare Gefühle, die noch über Angst hinausgehen und jede schon bestehende Angst noch vergrößern können.

Auch eine Arztpraxis oder ein Krankenhaus können Angst auslösen, obwohl das eigentlich Orte sind, an denen geholfen werden soll. Doch Masken, Spritzen, unbekannte Wörter, rasche Entscheidungen, die nicht besonders zugewandt wirken, können in deinem Kind Angstgefühle entstehen lassen. Entweder hat es ungute Erfahrungen gemacht oder es malt sich aus Unkenntnis gruselige Abläufe aus. Das passiert schnell, denn Untersuchungen oder Behandlungen sind Momente, in denen Patienten und Patientinnen kaum Kontrolle haben. Auch dein Kind fühlt dann schnell Ohnmacht – und die ruft die Angst auf den Plan.

Wenn Verletzungen, Krankheiten oder der Tod Angst machen

Sterben und Vergänglichkeit werden in jedem Kinderleben irgendwann zum Thema, meistens im Kindergartenalter. Auch Verletzungen und Krankheiten gehören in diesen Bereich. Die Kinder erleben fehlende Gesundheit oder gar Todesfälle in Geschichten, in der Tierwelt, vielleicht sogar im näheren Umfeld und (meist zum Glück nur im Kleinen) bei sich selbst. Und mit wachsender geistiger Reife beginnen sie, sich Fragen zu stellen: *„Wenn deine Oma gestorben ist, passiert das mit meiner dann auch?“ „Liegen da überall tote Menschen unter den Grabsteinen?“* oder *„Stirbt jeder, der Krebs hat?“* Puh, das sind schwere Themen, die durchaus Angst erzeugen können. Selbst wir Großen denken gern möglichst wenig an Krankheit und Tod, denn dann lässt sich das Leben viel fröhlicher führen.

Für dein Kind kommen die Ängste besonders deshalb auf, weil es so wenig darüber weiß. Wenn es sich erstmals mit dem Themenkomplex beschäftigt, ist alles neu und fremd, kaum greifbar und vor allem auch wenig kontrollierbar. Darum nimm es ernst und sprich viel mit deinem Kind. Es kann sein, dass es manche Fragen immer und immer wieder stellen wird. *„Du bist dafür noch zu klein!“* ist ein Satz, der Ängste größer werden lassen kann, wenn dein Kind erst einmal mitbekommen hat, dass Mama krank ist oder der Opa im Sterben liegt.

Risiken realistisch sehen

Wichtig ist zunächst, dein Kind in seinen Fragen und Gefühlen aufzufangen. Altersgemäße Kinderbücher oder deine eigenen Erzählungen sind gute Hilfsmittel, ein Arztkoffer ist ein hilfreiches Spielzeug. Und je nach Thema sind kleine Schutzmaßnahmen gut, um ein Kind aus einer Angst und Hemmung herauszuholen: klettern mit einer Matte darunter, schnitzen mit einem Schutzhandschuh, Hände einmal waschen nach einem Besuch im Krankenhaus oder Ähnliches. Zeig deinem Kind, dass das Leben Risiken hat, man aber ziemlich viel machen kann, um die Risiken kleinzuhalten.

Mit einem Grundschulkind kannst du auch Statistiken angucken, die ein wenig Angst nehmen können, weil sie zeigen, wie selten das eine oder andere überhaupt passiert.

Und wenn ihr es tatsächlich mit schweren Krankheiten und einem Todesfall zu tun bekommt, zeig deinem Kind, dass es auch mit den daraus entstehenden Gefühlen aktiv umgehen kann. Es muss sie nicht still aushalten, es sollte sie ausleben. Laut oder leise. Durch malen, andere kreative Tätigkeiten oder gute Rituale. Und so lange, wie es eben dauert.

Ist dein Kind selbst erkrankt und ängstigt sich stark, ob es wieder gesund werden wird, gelten die Tipps auch dafür: Sucht nach Informationen, sprecht über Hilfsmittel und Chancen und lasst Platz für alle Gefühle. Die Angstgefühle brauchen dann wahrscheinlich wieder Strategien zur körperlichen Beruhigung.

Denk auch hier wieder daran: Du musst das nicht allein für dein Kind lösen. Frag dein Kind, welche Ideen es hat, um besonders mit der Angst oder auch mit Trauer zurechtzukommen. Und lass gegebenenfalls deine Ängste um dein erkranktes Kind bei anderen Erwachsenen.

Etwa ab dem Alter von 4 Jahren denkt ein Kind so schlüssig, dass es aus Gefahrenbewusstsein heraus vielleicht weniger waghalsig wird. Es kann gut sein, dass es von nun an bedächtiger klettert oder am Straßenrand dreimal guckt, bevor es die Seite wechselt. Aber das kann auch ins ganz Ängstliche umschlagen, sodass es gar nichts mehr wagen mag: *„Ich klettere da nicht hoch! Ich lauf da nicht mit!“* Dann ist es wichtig, realistisch mit ihm hinzugucken: Wie kann es relativ sicher Bewegung wagen? Helfen Übungen oder Hilfsmittel? Was kann es vielleicht dabeihaben, für den Fall, dass es sich doch verletzt? Schaut also, was es braucht, um seine Hemmschwelle zu überwinden.

Und was ist mit deiner Angst?

Wie gehst du selbst mit den Themen Krankheit, Verletzungen und Tod um? Bist du übervorsichtig? Sind Kleinigkeiten immer rasch Krankheitssymptome für dich? Siehst du überall Gefahren? Sprichst du ständig darüber? Achtest du vielleicht extrem auf Desinfektion? Oder meidest du jede Minigefahr? Dann wirkt hier deine elterliche Angst ganz sicher auf dein Kind. Und wahrscheinlich zeigt sie sich fast jeden Tag an irgendeiner Stelle. Damit kannst du dein Kind in seiner Entwicklung sehr ausbremsen und seine Angst stark befeuern. Darum ist es wichtig, dass du deine Angst kleiner werden lässt. Geh das mit dem 6-Schritte-Plan an: Wo kommt sie her? Wie kannst du dich im Akutfall beruhigen? Wo kannst du aus deiner Komfortzone herausgehen und Risiken zulassen, anstatt ständig zu warnen oder gar zu vermeiden?

Wenn Schmutz Angst macht

Die Angst vor Schmutz ist eng mit der Angst vor Krankheiten verbunden, denn hinter der Erwartungsangst bei Dreck steckt meist eine Angst vor der Infektion mit bestimmten Keimen. Oft hat diese Angst ihren Ursprung in einer erlebten Ansteckung oder in einem sehr vorsichtigen Umfeld – so, wie unsere Welt sich zeigte, als das Coronavirus neu war, oder so, wie Kinder es erleben, wenn ihre Eltern zum Beispiel in medizinischen Berufen arbeiten. Eine grundlegende Hygiene ist wichtig und es muss auch niemand den Handlauf der Rolltreppe anfassen, wenn er oder sie das lieber nicht möchte. Aber wenn dein Kind manche Orte gar nicht mehr aufsuchen mag, danach ewig die Hände wäscht oder Kleidung nach kurzem Tragen sofort gewaschen haben möchte, schränkt seine Angst es deutlich ein. Dass Reinigungszwänge häufig sind und keine sinnvollen Strategien im Umgang mit Angst, konntest du im Kapitel „Das musst du über den Umgang mit Angst wissen“ ab Seite 51 schon lesen. Wie kann also ein sinnvoller Umgang mit der Angst vor Schmutz aussehen?

Dreck berühren
Wissen ist Macht. Wie gefährlich oder ungefährlich sind das Berühren öffentlicher Oberflächen und das Hantieren mit Dreck? Lest darüber, schaut euch Videos an, damit der Schmutz seine Bedrohlichkeit verliert. Super sind auch Filme, die veranschaulichen, wie gut Dreck verschwindet, wenn man die richtigen Produkte anwendet. Und dann legt los: Traut euch ran an den Schmutz, halte mit deinem Kind zusammen die Angstgefühle aus, hilf ihm mit den Beruhigungsstrategien aus seinem 6-Schritte-Plan und lass es erleben, dass Berührungen mit Dreck nicht automatisch zu Erkrankungen führen.

Achte auch darauf, statt Desinfektionsmitteln nur Seife zu verwenden. Das ist in einem Kinderleben in der Regel absolut ausreichend. Und stopp dich, wenn du dein Kind mal wieder mit einem *„Nicht anfassen!“* bremsen willst.

Wenn ein kleines Kind nicht so gern Sand oder Gras anfasst oder rasch nach einem Lappen für die Hände verlangt, wenn es mit den Fingern gegessen hat, hat das in der Regel nichts mit Angst zu tun, sondern vielmehr mit Wahrnehmung. Manches aus der Natur kann sich noch zu intensiv anfühlen, sodass dein Kind beim Berühren rasch einen Rückzieher macht oder die Haut gereinigt haben möchte. Das verändert sich meist schnell und es zeigen sich dabei auch keine starken Angstsymptome.

Und was ist mit deiner Angst?
Bist du selbst locker in Sachen Dreck? Das ist super, nicht nur, damit Ängste nicht so groß werden, sondern auch, weil dein Kind dann sein Wahrnehmungssystem wunderbar ausbilden kann: barfuß in den Matsch, mit den Händen in die Erde. Fällt dir das hingegen schwer, dann wagt euch gemeinsam ran. Schwarze Nägel werden auch wieder sauber, und keine Kinderhose in Größe 98 muss länger als ein Jahr halten und dann noch sauber und frei von Löchern sein. Vom Berühren des Griffes am Einkaufswagen wird niemand sofort krank. Trau dich, mach, sei Vorbild. Du kannst dabei darauf achten, dir mit den Händen nicht ständig ins Gesicht zu fassen. Das reicht als Vorsichtsmaßnahme.

Wenn Schmerzen Angst machen

Das Schlimme an Krankheiten und Verletzungen ist nicht nur der Gedanke, dass beides zum Tod führen kann. Auch, dass sie zu großen Schmerzen führen können, kann die Angst entfachen. Dauerhaften Schmerz mag niemand, und diese Ablehnung kann wieder zu Angst führen: *„Ich mach das gar nicht erst, sonst tut es mit nachher weh!“*

Sich zu schonen ist aber nur nach einer Erkrankung sinnvoll, nicht im normalen Alltag. Hier kann das erst recht dazu führen, dass man sich zum Beispiel verkrampft oder aber Muskeln schwächer werden. Und es kann bedeuten, dass wieder die Angst bestimmt und dein Kind etwas nicht macht, was es eigentlich gern probieren würde: zum Beispiel nicht mehr klettern, nachdem es sich einmal den Fuß verstaucht hatte.

Über Schmerzen offen sprechen

Dein Kind sollte lernen, dass Schmerzen zum Leben dazugehören. Sie kommen normalerweise nicht oft und sind im Fall der Fälle meistens gut behandelbar.

Hier ist besonders dein Vorbild gefragt. Kannst du mit Schmerz sinnvoll umgehen oder leidest du übermäßig? Was löst der Gedanke an Schmerzen in dir aus? Eine normale Ablehnung oder überbordende Stressgefühle? Vermeidest du bestimmte Situationen aus der Angst heraus? Falls das dein Thema ist, gehe es mit dem 6-Schritte-Plan zum Überwinden der Angst gemeinsam mit deinem Kind an. Traut euch etwas zu. Informiert euch, wie unterschiedlich bei Schmerzen Abhilfe geschaffen werden kann, und kommt über eure Hemmschwellen.

Zeig deinem Kind, was man vorbeugend gegen Schmerzen tun kann und dass es nach einem Ausbruch verschiedene Möglichkeiten gibt, den Schmerz zu lindern (je nach Schmerzart von Gymnastik über Verbandsmaterial bis hin zu Wärmekissen, Medikamenten und elterlicher Nähe samt Schmerz-weg-Pusten).

Auf gar keinen Fall muss man ein Kind auf diesem Lernweg extra mit Schmerzen konfrontieren! Sie tauchen von allein immer wieder auf.

Und was ist mit deiner Angst?

Hast du chronische Schmerzen, ist das Thema besonders schwierig für euch. Du hast es nicht in der Hand, dass es auch für dein Kind sehr präsent ist. Ein optimistischer Blick aufs Leben und ein aktiver Umgang mit den Schmerzen im Rahmen deiner Möglichkeiten sind das Beste, was du deinem Kind mitgeben kannst. So vieles ist sicher gut in eurem Leben – trotz der Schmerzen. Und manches kann die Schmerzen zum Glück lindern. Sprich mit ihm darüber und hol dir Unterstützung, wenn du selbst damit überfordert bist. Zu vielen Krankheiten (nicht nur in Bezug auf Schmerzen) gibt es erklärende Kinderbücher, die Ängste vor Schmerzen nehmen können. Auch in Selbsthilfegruppen kannst du bei anderen Eltern hilfreiche Impulse finden.

In besonderen Situationen wie vor einem operativen Eingriff oder bei einer Impfung oder Blutentnahme haben viele Kinder Angst vor dem Schmerz durch Spritzen und Kanülen. Darum geht es in einem separaten Unterkapitel (ab Seite 199), denn die Angst vor spitzen Gegenständen ist eine häufige und hat auch mit dem Vorgang des Stechens zu tun, nicht nur mit dem Schmerzempfinden.

Wenn Arztpraxen und Krankenhäuser Angst machen

Der Geruch, die Kittel, die Menschen, die Handschuhe, die Untersuchungssituationen, die bisherigen Erfahrungen, das Gefühl, keinen Einfluss nehmen zu können oder nicht zu wissen, was gleich passieren wird: Ärztliche Untersuchungen und Eingriffe bereiten keinem Menschen unbändige Freude. Und in einem Kind, das einerseits nach und nach seine Autonomie entdeckt und sich andererseits noch nicht so gut allein beruhigen kann, können derlei Situationen leicht zu Ängsten führen. *„Das könnte wehtun!“ „Da könnte mich jemand irgendwo anfassen, wo ich das nicht möchte!“ „Mama könnte plötzlich weggehen!“* – Schon ganz früh kann sich die Angst zum ersten Mal zeigen, denn mitten in der Fremdelphase liegen in der Regel zahlreiche Vorsorgeuntersuchungen und Impftermine. Und diese Angst bleibt oftmals.

Gut begleiten
Um in diesen Situationen die Angst kleiner werden zu lassen, benötigt dein Kind eine einfühlsame Begleitung und klare Informationen. Sprich wenn möglich schon im Vorfeld mit deinem Kind darüber, was passieren wird und was es tun kann, um sich nicht ohnmächtig zu fühlen:

- *„Du kannst mir immer sagen oder zeigen, wenn du etwas nicht möchtest. Dann schaue ich, wie wir das lösen können.“*
- *„Was würde dir guttun? Soll die Puppe mit? Magst du einen Pulli mit Kapuze anziehen? Möchtest du auf meinem Arm bleiben?“*

Und bleib auch in dem Moment dicht in der Begleitung:

- *„Ich bleibe so nah bei dir, wie es nur geht."*
- *„Wir sprechen über alles, bevor irgendwas passiert."*
- *„Wahrscheinlich wird erst das passieren und dann noch dies gemacht."*

Es ist wichtig, dass du mit deinem Kind sprichst – vor der Untersuchung und währenddessen. Versprich ihm nichts Falsches, also zum Beispiel keine Schmerzfreiheit, wenn du sie nicht sicher garantieren kannst. Gegebenenfalls ist es aber auch hilfreich, wenn du die erwachsenen Beteiligten ansprichst, falls du spürst, dass sie die Angst deines Kindes nicht bemerken oder berücksichtigen:

- *„Mein Kind versteckt sich nicht. Es braucht ein bisschen Zeit und Hilfe beim Kennenlernen. Können Sie diese Minute investieren?"*
- *„Vielleicht können Sie zuerst die Puppe untersuchen, damit wir wissen, was passieren wird?"*

Das Wort „Angst" musst du nicht unbedingt verwenden. *„Es braucht Zeit"* ist Erklärung genug und gibt deinem Kind nicht so sehr das Gefühl, in eine Schublade zu gehören. Außerdem erklärt diese Aussage ihm eines seiner Hilfsmittel gut: die Sache in Ruhe angehen, sich beruhigen, planen.

Wenn etwas sehr Unangenehmes ansteht, das keinesfalls vermeidbar ist, hilft es deinem Kind nicht, wenn ihr es ewig hinauszögert. Das liegt an der Erwartungsangst. Ist die riesig, ist es natürlich gut zu versuchen, dein Kind zu beruhigen und dazu zu bewegen, aus eigener Motivation stillzuhalten und die Angst zu bewältigen. Aber wenn das Angstgefühl immer größer und größer wird, hilft ihm auch stundenlanges Zureden unter Umständen nicht, weil die Erwartungsangst nicht kleiner wird. Dann ist schützende Gewalt (also zum Beispiel Festhalten, bis ein Zugang gelegt werden konnte) oftmals die bessere Lösung. Eure gute Beziehung kann es aushalten, wenn du ihm diese

Hilfe gibst. Es kann dabei merken, dass das Beängstigende gar nicht so schlimm ist, und es kann danach spüren, was es geschafft hat.

Und was ist mit deiner Angst?
Wie steht es denn um deine Gefühle, wenn du an den Zahnarzt oder die nächste Impfung denkst? Fühlt sich das nur mulmig an oder schiebst du derartige Termine möglichst lange auf? Dann solltest du mithilfe des 6-Schritte-Plans an dieses Thema herangehen, um deinem Kind ein Vorbild sein zu können. Vielleicht könnt ihr auch ein gemeinsames Projekt daraus machen. Welche Vorsorge steht an? Welcher Schmerz ist akut? Vereinbart umgehend einen Termin und plant, wie ihr gestärkt hineingehen könnt. Danach dürft ihr euch ruhig belohnen.

Angst vor besonderen Orten und Situationen

Außer Arztpraxen und Krankenhäusern gibt es noch ganz andere Orte, die bei vielen Kindern Ängste auslösen. Teilweise stecken Urängste dahinter, wie die Angst vor Weite, Enge oder Dunkelheit – Umstände, die früher lebensgefährlich sein konnten, was unseren Kindern noch in den Genen steckt. Manchmal hat die Angst einfach nur mit der Fremdheit und Ungewissheit am neuen Ort zu tun.

Wenn große Plätze Angst machen

Große Weite kann glücklich machen. Der Blick bis zum Horizont, Platz, um sich zu bewegen und von anderen Abstand zu halten – das klingt so verlockend (und ist nicht selten bei streitenden Geschwistern in der Wohnung eine hilfreiche Lösung). Diese Weite kann aber auch Stress verursachen. Dann geht es deinem Kind wie einer Katze, die im ballsaalgroßen Wohnzimmer den viel zu kleinen Pappkarton aussucht und sich hineinquetscht, denn er verspricht ihr Sicherheit. Ein Kind mit solch einer Angst verlässt nicht gern das Haus, ist nicht gern unterwegs. Die große Weite ist unbekannt und bietet nichts, an dem man sich gut festhalten kann.

„Ich kann mich nicht zurückziehen, ich kann nicht weg!" – Zeigt dein Kind solche Ängste? Das bedeutet im ängstlichen Kopf vor allem eins: fehlende Kontrolle. Das muss nicht auf einem Feld oder dem Marktplatz sein. „Weit draußen" mit viel Platz ist auch ein Theatersaal, eine Turnhalle oder der Bus.

Notfallpläne schmieden

Bei einem kleinen Kind ist wichtig, dass ihr die Situationen angeht, du aber dabei bist und ganz viel Nähe und Sicherheit gibst. Etwas zum Abgrenzen, etwas zum Festhalten und etwas zum Flüchten sind gut: ein Kapuzenpullover, ein Kuscheltier, deine Hand, ein Funksprechgerät – was fällt euch noch ein?

Bei größeren Kindern ist es wichtig, über die Ängste detaillierter zu sprechen:

- Was könnte denn passieren? Könnte es den Weg nicht mehr finden? Könnte es keine Sicherheit finden, wenn etwas Beängstigendes passiert oder jemand Fremdes ihm nahe kommt? – *„Wovor sorgst du dich genau?"*
- Und welche Notfallpläne kann dein Kind schmieden? – *„Was könntest du dann tun? Hast du Ideen oder soll ich mitüberlegen?"* und *„Kannst du in den Momenten etwas Beruhigendes zu dir sagen?"*

Natürlich darf es zur Beruhigung auch noch Hilfsmittel nutzen. Im Grundschulalter mag es vielleicht ein ganz kleines Kuscheltier haben, das in die Hosentasche passt und von keinem gesehen wird.

Und was ist mit deiner Angst?
Kommst du mit Weite gut zurecht? Kannst du dein Angstgefühl beruhigen und dich in die gruselnden Situationen wagen? Kannst du mit deinem Kind zusammen spüren, dass ihr Kontrolle und Bewegungsfreiheit habt?

Sowohl bei dir als auch bei deinem Kind kann diese Angst eine sehr heftige werden, die ohne therapeutische Hilfe schwer zu behandeln ist. Überfallen euch die Angstgefühle bei dem Gedanken an die Bahn oder den Kirmesplatz also intensiv, vermeidet ihr die Situationen ständig und kommt ihr auch mit dem 6-Schritte-Plan aus diesem Buch nicht weiter, sucht professionelle Hilfe.

Wenn große Enge Angst macht

Allein schon der Gedanke an wenig Raum und Enge und daran, dort auf viele fremde Menschen zu treffen, kann Erwartungsängste auslösen. Alle, die mit auf dem engen Platz stehen, könnten sehen, wie groß die eigene Angst ist oder könnten anderweitig gefährlich werden (Es gibt Überschneidungen mit der Angst vor anderen Menschen und auch mit Bewertungsangst. Lies auch in den entsprechenden Kapiteln ab Seite 137 und 151 nochmal nach.).

Bei Angst vor Enge hat dein Kind Sorge, nicht ausreichend Platz für sich zu haben, vielleicht zerquetscht zu werden oder auch nur, dass andere ihm zu nahe kommen, es berühren oder genau anschauen: *„Und vielleicht sehen alle, dass ich Angst habe!“* Ein Fahrstuhl, ein Fahrzeug auf dem Kinderkarussell, eine Röhrenrutsche, ein Spielzelt – im Alltag eines Kindes gibt es viele Momente, in denen wenig Platz ist. Manchmal merkt man das Unwohlsein bei Enge schon bei Babys im Krabbelalter, die einerseits von Höhlen fasziniert sind, aber sie andererseits auch irgendwie gruselig finden und schnell wieder heraus möchten. Dann können diffuse Lichtverhältnisse als Angstauslöser hinzukommen. So mischen sich die Ursachen.

Weigert dein Kind sich, durch einen Tunnel zu fahren, bekommt Panik, wenn es in den Bus einsteigen soll oder wenn ihr in ein volles Wartezimmer müsst? Dann braucht es Beruhigung und Fluchtideen.

Ideen sammeln

Häufig sind bei dieser Angst starke körperliche Reaktionen zu beobachten und die Angst ist groß, dass andere in einer Menschenmenge sie bemerken könnten. Hast du noch ein Kleinkind, musst du in diesen Momenten in der Regel sein Anker sein. Dicht bei dir, auf deinem Arm wird es ihm leichter fallen.

Ein Kind ab dem Vorschulalter kannst du mehr einbeziehen. Frag es danach, was bei der Angst vor Enge in ihm passiert:

- Nimmt es körperliche Reaktionen selbst wahr? Hat es Ideen, wie es sie bewältigen kann? Oder mag es deine hören? Der Punkt „wahrnehmen" aus dem 6-Schritte-Plan zum Umgang mit der Angst ist bei diesem Thema und bei allen, die möglicherweise mit Bewertungsangst zu tun haben, wichtig. – *„Was macht dein Körper dann? Was kannst du dir da Gutes tun?"*
- Und überlegt, welche Momente diese Angst auslösen: der Fahrstuhl, der Bus, das Klassenzimmer? Wie kann dein Kind auch an diesen Orten dafür sorgen, dass es Abstand zu anderen hat oder aus der Situation gehen kann? Hat es Ideen oder mag es deine hören? – *„Du kannst deine Arme benutzen, um anzuzeigen, wie weit jemand von dir wegbleiben soll. Versuche es mal, wenn du zuerst deine Füße ganz fest auf den Boden stellst."*
- *„Wir können auch mit deinem Lehrer sprechen, damit er Bescheid weiß, wenn du mal ein bisschen von den anderen weggehen musst."*
- *„Ich kann die Sprechstundenhilfe fragen, ob wir vor der Praxis warten können."*
- *„Im Bus kannst du deinen Rucksack auf den Platz neben dich stellen."*

Sammelt für die verschiedenen Situationen Strategien und probiert sie gemeinsam aus.

Bei allem, was länger dauert, wie eine Busfahrt oder eine Tunneldurchquerung, kannst du dein Kind noch unterstützen, indem du es anregst, während der Zeit auf eine Armband- oder Sanduhr zu schauen, das Ticken anzuhören, die Zeiger- oder Sandbewegung anzuschauen, bis der Zeitraum voller Enge verstrichen ist. So konzentriert es sich auf etwas außerhalb seines Körpers und lenkt die Gedanken weg von der Angst. Außerdem ist es auf diese Art aktiv und nicht ohnmächtig.

Und was ist mit deiner Angst?
Fühlst du dich wohl, wenn du Enge spürst? Oder meidest du die oben beschriebenen Situationen immer wieder? Dann übe auch du, sie anzugehen, dich in den Momenten zu beruhigen, deine Aufmerksamkeit umzulenken und für dich einzustehen, wenn dir doch jemand zu nahe kommt. Kommst du oder dein Kind nicht weiter, sucht euch Profihilfe, um im Alltag nicht ständig eingeschränkt zu sein.

Wenn eine gruselige Atmosphäre und Dunkelheit Angst machen

Große Weite ohne Halt, starke Enge ohne Fluchtmöglichkeit – leider gibt es noch weitere Situationen, die Urängste auslösen können, weil sie sich unkontrollierbar und unsicher anfühlen. Fehlendes Licht, ein unangenehmer, unbekannter Geruch oder ein leises Ticken unbekannter Herkunft können Gänsehaut machen und den Wunsch auslösen, lieber weglaufen zu wollen. Oft spüren Kinder diese Angst in Kellerräumen, in Höhlen, auf fensterlosen Dachböden, in einem alten Gemäuer oder auch in unbekannten Räumen, in denen sehr autoritäre oder einfach fremde Personen sind. Das Unbekannte gruselt. Wieder ist die Erwartungsangst ganz stark beteiligt: *„Ich weiß nicht, was gleich passieren wird. Es könnte ganz schlimm werden."*

Manche Menschen suchen solche Kicks. Geisterbahnen und verwunschene „Lost Places“ oder abgesperrte Räume bei „Exit Games“ locken sie, denn die Angst kann auch reizen. Kinder können da auch sehr schwanken: Mal suchen sie diese Art von Abenteuer, mal ängstigt es sie. Manchmal reicht eine Zutat, um die Stimmung kippen zu lassen. Und dann ist das Angstgefühl echt und kann nicht einfach beiseitegeschoben werden. *„Raus, raus, raus, weg hier!“* – Im Spiel ist das total in Ordnung. Dann muss man unterbrechen. Aber im Alltag kann diese Angst wieder einschränken.

Man könnte meinen, mit logischen Erklärungen müsste man diese Angst doch sofort gut in den Griff bekommen: *„Wie soll denn irgendjemand auf diesen Dachboden kommen? Das geht doch gar nicht.“* Aber gerade Kleinkinder in der Magischen Phase können dadurch keine Beruhigung finden. Sie erklären sich die Welt oftmals mit dieser Magie, die sie für sich selbst beanspruchen, aber auch bei anderen sehen. Verschwinden Wolken zufällig in dem Moment, in dem ein Kind stark gepustet hat, kann es gut sein, dass es sich als Verursacher sieht. Und hört es ein Geräusch auf einem eigentlich unerreichbaren Dachboden, hat für seinen Kopf eine knarrende Diele leicht eine logische, magische Ursache: Ein Monster ist aus den Regenrohren gekrochen und treibt dort nun sein Unwesen. Ganz klar! Das gibt der Angst in dieser Zeit leider viele Möglichkeiten, groß und bestimmend zu werden.

Aber auch noch in der Grundschulzeit kann eine gruselige Atmosphäre weiterhin für Ängste sorgen. Besonders die Dunkelheit ist ein starker Faktor. Das muss nicht mal an einem unbekannten Ort sein, sondern kann fürs sichere Kinderzimmer oder das tägliche benutzte Treppenhaus gelten – ohne Licht sieht alles anders aus und es hört sich sogar vieles anders an: *„Ich kann nicht sehen, was los ist.“*

Licht ins Dunkle bringen
Mit deinem Kind zusammen solltest du dir anschauen, was wirklich hinter den gruseligen Geräuschen und unangenehmen, dunklen Ecken steckt. Je jünger es ist, desto eher sollte es dabei auf deinem Arm sein. Aber versuche, mit ihm herauszufinden, was wirklich los ist. Nutz Hilfsmittel, wie eine Taschenlampe oder einen Besenstiel, der euch erlaubt, mit Abstand etwas zu öffnen, zu schieben oder zu piksen. Ihr geht so aktiv mit den Angstauslösern um. Das stärkt dein Kind und holt es raus aus Erwartungsangst und Ohnmacht.

Beruhigungsstrategien sind das andere wichtige Standbein: Was kann dein Kind vorher und in der Situation für sich und seinen Körper tun? Atmen, eine schützende Decke um die Schultern legen, die Füße bewusst fest aufsetzen? Probiert es gemeinsam aus.

Wenn dein Kind sich extrem weigert, sich der gruseligen Atmosphäre zu stellen, setze auf keinen Fall Zwang ein. Diese (Ver-)Weigerung kann besonders bei jüngeren Kindern durch den Glauben ans Magische vorkommen. Dann darfst du mit deinem Kind wirklich nur klitzekleine Schritte ausprobieren. Biete sie immer wieder an.

Und was ist mit deiner Angst?
Wie ist die Nacht für dich, wenn du nicht alles zuverlässig sehen kannst? Gruselst du dich gern oder lieber auf gar keinen Fall? Egal, wie die Antwort lautet: Such mit deinem Kind möglichst derlei Situationen auf und probiert, die Lage in den Griff zu kriegen. Was ist da wirklich los? Wie bringt ihr Licht ins Dunkle? Welche Stärkung könnt ihr euch mitnehmen, um die Herausforderung zu schaffen? Und welche Beruhigungsmöglichkeit hilft sofort?

Wenn Spielplätze und fremde Umgebungen Angst machen

Auch eigentlich ganz ungruselige Orte, wie wunderschöne Abenteuerspielplätze oder die Halle vom neuen Turnkurs, können beängstigend sein: *„Ich kenne mich damit nicht aus. Es könnte etwas passieren, das ich nicht lösen kann."* Wieder ist es das Fremde, das Unbekannte, was die Ängste schürt. Ein Kind mit angeborener Ängstlichkeit oder eines, das vielleicht schon die Erfahrung gemacht hat, an einem unübersichtlichen Ort nicht sofort die Eltern wiederzufinden oder in einer engen Rutsche stecken zu bleiben, wird sich schwer von dir lösen können, um all das Neue zu erkunden. Vielleicht möchte es daher lieber immer auf den gleichen Spielplatz, oder an neuen Orten auf gar keinen Fall allein losziehen. Beides ist verständlich und beides ist auch okay. Aber die dahinterstehende Angst sollte wieder mit der Zeit kleiner werden, damit ihr mal andere Orte kennenlernen könnt und dein Kind sie auch autonom erkunden mag.

Auf Reisen an neuen Urlaubsorten kann diese Angst ebenfalls groß sein. Das Wetter ist möglicherweise ganz anders, die gewohnte Umgebung fehlt, das bekannte Essen und die Muttersprache vielleicht auch. Dein Kind kann nicht alles mitnehmen, was ihm ein Zuhause- und Sicherheitsgefühl vermitteln würde. Es stehen verschiedene Herausforderungen an, die es noch gar nicht abschätzen kann. Noch dazu seid ihr Eltern vielleicht eher gestresst, gerade bei der Anreise und beim Ankommen.

Das kannst du tun

Das Besuchen eines neuen Ortes oder eines neuen Urlaubsziels kannst du gut vorbereiten. Etwa ab dem Vorschulalter könnt ihr euch im Vorfeld Fotos anschauen und besprechen, was es dort zu entdecken gibt, was schön sein wird und was vielleicht ein bisschen aufregend sein könnte.

Außerdem könnt ihr zusammen überlegen, was deinem Kind beim Beruhigen helfen kann: Was kann es mitnehmen, um sich sicherer zu fühlen? Welche Gewohnheiten könnt ihr auch am fremden Ort beibehalten? Sichere ihm zu, an seiner Seite zu bleiben, bis es die Möglichkeit hatte, ein wenig an dem Ort „anzudocken".

Etwa ab dem Vorschulalter kannst du von dir erzählen, wann es schon mal wirklich toll war, dass du dich an einen neuen Ort gewagt hast. Wie hast du davon profitiert? Was hast du getan, um dich zu beruhigen und kleine Schritte ins Unbekannte zu wagen?

Und vorbereitend sind immer wieder die Fragen wichtig:

- *„Was glaubst du, würde dir guttun, um dich an dem Ort zu beruhigen?"*
- *„Was glaubst du, kannst du an dem Ort machen, um ihn langsam kennenzulernen?"*

Ein kleineres Kind braucht vor allem die Chance, sich mit dir an einem fremden Ort auszuprobieren, und dort deine Begleitung.

Mit einem Grundschulkind kannst du noch genauer planen, wie es sich gut in die Ungewissheit wagen kann. Was braucht es? Was kann es mitnehmen? Was kann es tun? Kann es zum Beispiel leise murmelnd etwas Bestärkendes zu sich sagen?

Wenn ihr gemeinsam Strategien überlegt und die Ausflüge vorbereitet, kann es in diesem Alter selbstverantwortlicher versuchen, seine Angst vor Ort in den Griff zu bekommen. Du bist dann vor allem seine Hilfe, damit es sich überhaupt an solche Orte wagt.

Und was ist mit deiner Angst?
Magst du selbst fremde Umgebungen? Bist du abenteuerlustig, wenn es um Urlaube geht? Wie bewegst du dich dort? Wie lernst du neue Orte nach und nach kennen und fühlst dich sicher? Bist du hier vollkommen angstfrei, versuche dennoch, dein Kind zu verstehen und feinfühlig zu begleiten. Es empfindet anders als du. Wenn du keine Angst hast, kannst du es aber immer wieder anstupsen, um sich der Angst zu stellen und den Umgang mit ihr zu üben. Wenn du ebenfalls Angst hast, könnt ihr miteinander Strategien finden und gemeinsam üben. Denk dran, immer kleine Schritte zu gehen: Ein neuer Spielplatz in der Nachbarstadt, ein anderes Eiscafé, ein neuer Supermarkt sind gute Übungsfelder, auch wenn im nächsten Sommer eine Reise in eine ganz fremde Kultur ansteht.

Angst vor Höhe

Irgendwo ganz weit oben zu stehen und runterzuschauen kann wunderschön sein, weil man viel entdecken kann und sich frei wie ein Vogel fühlt. Das kann aber auch mulmige Gefühle machen, Schwindel auslösen und wackelige Knie verursachen. Dann ist die Angst vorm Fallen da, ein Gefühl von Verletzlichkeit und Unsicherheit. Das ist im Grunde gut und wichtig, denn diese Urangst kann davor schützen, zu hoch zu klettern oder zu nah an einem Abhang zu balancieren. Es muss ja auch keiner unbedingt in ein Flugzeug, auf eine Dachterrasse oder in ein Riesenrad. Wenn aber bald jede Rolltreppe oder jeder Raum mit Fenstern ab der ersten Etage ständig Ängste auslöst, den Körper stark reagieren lässt und verhindert, dass dein Kind ganz normal am Leben teilnehmen kann, wird die Angst zu bestimmend und braucht Gegenwehr.

Langsam in die Höhe wagen

Zeig deinem Kind erst einmal, wie berechtigt diese Angst ist. Denn wer Höhe gar nicht fürchtet, lebt sehr viel riskanter. Es muss kein alpiner Freeclimber werden und auch nicht unbedingt Hunderte Stufen in einem Kirchturm nach oben gehen. Aber besprich auch mit ihm, wo die Angst im ganz normalen Alltag zu bestimmend wird, besonders wenn es in den Angstmomenten körperlich heftig reagiert (schwitzt, hektisch atmet und Ähnliches).

Einem Kleinkind solltest du die Möglichkeit geben, Höhe immer wieder kennenzulernen und mit deiner Unterstützung zu spüren, dass es sie mithilfe bestimmter Strategien aushalten und die Momente bewältigen kann.

Mit einem Schulkind kannst du den 6-Schritte-Plan starten: Worin genau besteht die Angst? Ist sie realistisch? Wie kann es sich und seinen Körper beruhigen? Wie kann es sich in den Angstmomenten auf etwas anderes konzentrieren als auf die Höhe (klassisch ist der Blick zum Horizont – was geht noch)? Was kann es aktiv tun (bewusst fest mit beiden Füßen auf dem Boden stehen, sich bewusst festhalten, sich selbst etwas Beruhigendes sagen ...)? Wie kann es sich absichern? Plant und übt gemeinsam.

Und was ist mit deiner Angst?

Was macht dein Magen, wenn du weit oben auf einem Turm stehst? Wie sehr schwitzt du dort und möchtest wegrennen? Wenn du deinem Kind hier ein gutes Vorbild sein kannst, ist das schon eine große Hilfe. Vermeidest du selbst ständig Höhen und reagierst panisch, übe diese Herausforderung in kleinen Schritten mit ihm gemeinsam: erst das Klettergerüst, dann der gläserne Fahrstuhl in die zweiten Etage und dann nach und nach mehr, wenn ihr könnt. Immer nah an der Wand oder Haltegriffen und mit dem Blick in die Weite, nicht direkt nach unten. Jede gemeisterte Situation wird euch stärken.

Angst vor Wasser

Tiefes Wasser ist für den Menschen genauso gefährlich wie große Höhen. Darum ist auch eine Vorsicht an Gewässern erst einmal gut. Man kann geschwächt nicht mehr ans Ufer zurückkommen und könnte ertrinken. Doch ein panisches Davonlaufen und heftige Reaktionen nur beim Betrachten eines Stegs ins Meer hindern dein Kind daran, selbst sein Leben zu bestimmen. Die Angst sagt ihm: *„Weg da!“*

Diese Angst kann an Meeren und Seen auftauchen, aber auch in Schwimmbädern und sogar in der Badewanne oder Dusche. Wassergewöhnung und Planschen sind für viele Kinder okay, am Waschbecken sowieso, aber oft auch, wenn sie selbst im flachen Wasser sitzen. Doch trifft das Wasser den Kopf, die Augen, den Mund oder gerät der Kopf leicht nach hinten oder gar richtig unter Wasser, meldet sich bei vielen Kindern die Angst. *„Ich kann dann nichts mehr sehen!“ „Ich bekomme so keine Luft mehr!“* oder *„Meine Spielsachen könnten im Wannenabfluss verschwinden!“* sind typische Ängste, die ihre Berechtigung haben.

Andere können gar nicht genug vom Wasser bekommen. Sie springen gedankenlos ins Becken, nutzen jede Wasserrutsche und tauchen problemlos ab. Ihnen scheint diese Urangst gar keinen Stress zu machen. Welche Gruppe an Kindern ist wohl sicherer im Umgang mit Wasser? Das ist gar nicht so klar zu beantworten. Sich gleich in die Fluten zu stürzen, ist eine super Sache, um Schwimmen und Tauchen lernen zu können, die Angstfreiheit kann aber auch zu Unachtsamkeit führen: Ist hier ein guter Ort, um ins Becken zu springen? Schwimme ich nicht zu weit raus?

Du siehst, wieder hat beides Vor- und Nachteile. Mag dein Kind aber kein Schiff betreten, nicht zum Schwimmkurs oder in die Badewanne und sich vielleicht nicht mal die Haare waschen, überwiegen die Nachteile. Die Angst bestimmt. Dein Kind muss sich mächtiger fühlen als das Wasser und als die Angst davor.

Wassergewöhnung
Kleine Kinder muss man langsam an das Element Wasser heranführen. Das muss auch nicht immer in einem Kurs sein. Allein könnt ihr viel freier agieren. Sorge für Gelegenheiten im Schwimmbad, am See, am Bach, in einer kleinen Wanne im Bad oder auch draußen auf dem Balkon – Hauptsache ohne Druck. Schritt für Schritt kannst du mit deinem Kind Gießen und Planschen, dann auf einen Steg gehen und schließlich Bötchen fahren und dem Wasser näherkommen. Im Wasser sollte es alle Hilfsmittel nutzen dürfen: Luftmatratze, Poolnudel, Schwimmbrille (auch wenn das in Schwimmkursen oft als No-Go gilt). Je sicherer es sich fühlt, desto leichter wird es ihm fallen, die Hemmschwelle zu überwinden. Manche Kinder brauchen auch Abhilfe fürs Frieren im Schwimmbad. Neoprenshortys wirken oft Wunder und nehmen diesen Stress weg, der manchmal nicht nur durch die Temperatur entsteht, sondern auch aufgrund von Angstgefühlen.

Schwimmen zu lernen, kann man auch ruhig ein bisschen nach hinten schieben. Dein ängstliches Kind muss nicht wie alle anderen mit 5 Jahren zum Seepferdchenkurs, sondern kann auch später starten. Das Haarewaschen hingegen kann man nicht so gut aufschieben. Hier ist es oft eine Hilfe, wenn dein Kind dabei mitbestimmen und mitmachen kann, zum Beispiel mit einer kleinen Kanne. Und natürlich sollten die Augen so gut geschützt werden wie möglich, vielleicht mit einem dicht davor gehaltenen Handtuch oder indem es den Kopf zum Waschen weit nach hinten legen darf.

Ist dein Kind im Grundschulalter, helfen rund um das Thema Wasser oft auch andere Strategien. Zum Beispiel könnt ihr Dokus über Unterwasserwelten schauen, Schnorchel testen oder eine günstige Unterwasserkamera als Anreiz ausprobieren, um kleine Schritte voranzukommen.

Und was ist mit deiner Angst?
Wie fühlst du dich beim Tauchen? Gehst du gern schwimmen? Stört dich Wasser in der Nase oder den Augen? Oder stört dich die Kälte? Um deinem Kind eine gute Begleitung bei seiner Wasserangst sein zu können, ist es gut, wenn auch du Wege für dich findest, dem Wasser recht positiv zu begegnen. Besorg dir eine Schwimmbrille, geh an Familientagen in warme Thermalbäder, fahr mit deinem Kind immer wieder zum See. Gemeinsam könnt ihr fühlen, dass ihr vor Wasser Respekt haben solltet, aber keine Angst haben müsst.

Angst vor Lautstärke

Wenn du das Gefühl hast, dein Kind ängstigt sich vor Lautstärke, geht es meistens um den Schreck, der oft damit verbunden ist: eine Sirene, ein Schlagbohrer auf der Baustelle nebenan – solche Geräusche starten plötzlich und erschrecken. Ist deinem Kind dann auch noch unklar, woher sie kommen, kann Angst entstehen.

Ganz kleine Kinder haben oft auch Angst vor dauerhafter Lautstärke wie bei einem Staubsauger, vor allem wenn ihnen zusätzlich unklar ist, was das Gerät genau macht. Und in jedem Alter kann Angst vor Gewitter, also vor den Blitzen, aber vor allem der Lautstärke des Donners hinzukommen. Derlei gewaltige Wetterphänomene können ein Gefühl von Ohnmacht auslösen, gerade bei den 2- bis 4-jährigen Kindern, die noch kein umfassendes Verständnis für die Situation haben und sich vieles ausmalen.

Mitverursachend für solch eine Angst kann ein Wahrnehmungsthema sein: Ist ein Kind besonders geräuschempfindlich, spürt eine für andere normale Lautstärke also deutlich intensiver, kann dieses Empfinden Angst auslösen. Denn die ankommenden Reize sind so heftig.

Trotz einer Angst oder auch einer großen Empfindlichkeit, was laute Geräusche angeht, sind viele Kinder selbst allerdings sehr laut. Vor diesem Paradoxon stehen viele Eltern und hoffen, wenn sie ihrem Kind das nur deutlich machen, muss es doch besser mit seiner Angst zurechtkommen: *„Überleg doch mal, wie du dich fühlst, wenn ...“* Ein Kleinkind kann sich das nicht so überlegen, wie wir das gern hätten. Es verknüpft die fremde und die eigene Sicht nicht so wie unser Erwachsenenhirn. Diese Art der Erklärung kann erst etwa ab 5 Jahren verstanden werden, und die Fähigkeit, daraus auch etwas zu machen, kann nochmal später wachsen.

Genauer hinhören

Wieder ist es wichtig, mit dem Kind hinter den Angstauslöser zu gucken: Was steckt hinter der Lautstärke? Was passiert genau in einem Gerät oder bei einem Unwetter? Verstehen vermindert die Fremdheit und damit das Unbehagen.

Im nächsten Schritt geht es dann wieder ans Beruhigen und um Gegenstrategien: Wie kann es seinen Körper im Fall großer Lautstärke entspannen? Und welche Hilfsmittel können sinnvoll sein, um die ankommende Lautstärke zu verringern? Manchmal ist Gehörschutz gut (das kann ein richtiger Schützer sein oder auch ein gerolltes Stückchen Taschentuch, das vorsichtig in den Gehörgang gelegt wird), manchmal reicht beispielsweise auch das Aufsetzen einer Kapuze oder Mütze.

Und spielerisch die Ohren zuzuhalten, kann auch mächtiger machen, als sie verängstigt zuzudrücken: Mal dir mit deinem Kind gemeinsam aus, wie ihr dicke, wabernde Geräuschwolken umleitet, wenn ihr die Hände an die Ohren nehmt. Wo schickt ihr sie hin, wenn ihr sie von euren Ohren wegdrückt? In den nächsten Gulli? In den Abfluss in der Küchenspüle? Zum Mond?

Bei einem Kind, das eine grundsätzliche Überempfindlichkeit in Sachen Lautstärke hat, helfen Wahrnehmungsübungen:

- Macht euch mit verschlossenen Augen auf Hörreisen.
  Was entdeckt ihr im Nahbereich? Was erklingt in der Ferne?
  Könnt ihr die Geräusche zuordnen?
- Könnt ihr selbst Geräusche machen und gegenseitig erraten, mit welchem Gegenstand sie erzeugt wurden?

Und bei Kindern, die auf der anderen Seite selbst sehr laut sind, ist eine Förderung der Wahrnehmung auch gut:

- Sprecht mal mit einer Hand vor dem Mund oder in die Ellenbeuge.
- Unterhaltet euch mit zugehaltenen Ohren, flüsternd unter einer Decke oder durch eine leere Rolle Küchenkrepp.
- Macht laute und leise Töne und Musik mit ganz verschiedenen Alltagsgegenständen.

Mehr Ideen zum Verfeinern des Hörvermögens findest du in meinem Buch „Mit allen Sinnen wachsen“ (humboldt, 2023). Darin sind auch Fragebögen enthalten, um herauszufinden, wie genau es bei deinem Kind beispielsweise um die Wahrnehmung mit dem Hörsinn bestellt ist.

Und was ist mit deiner Angst?
Wie leicht erschrickst du bei Lautstärke? Meidest du Lärm aus Angst vor Ohren- oder Kopfschmerzen? Wahrscheinlich hast du in diesem Bereich schlechte Erfahrungen gemacht. Hier ist es wichtig, sie zu überschreiben und dir Kompetenzgefühle im Umgang mit Krach zu geben. Begegne den erschreckenden Geräuschquellen mit guten Strategien, die dich beruhigen und die Lautstärke mindern, sodass dein Leben nicht eingeschränkt wird. Dann kannst du auf Konzerte gehen, den Baustellenlärm nebenan aushalten und mit jedem Schritt deinem Kind Vorbild und gute Begleitung bei dieser Angst sein.

Angst vor dem Essen

Wenn ein kleines Kind ein unbekanntes Gemüse oder auch ein ganz anderes neues Gericht nicht probieren mag, steckt in der Regel keine echte Angst dahinter. Sein Körper und sein Kopf reagieren nicht heftig, sobald es die Lebensmittel sieht. Es mag einfach ungern neue, unbekannte Dinge essen. Auch das ist erstmal gar nicht so verkehrt, denn wenn wir essen, was wir kennen und gut vertragen haben, ist das ziemlich clever. Alles andere könnte ja für Bauchweh oder Schlimmeres sorgen. Lebt man Kindern Vielfalt auf dem Esstisch vor und lässt sie freiwillig immer wieder Probierversuche machen, bei denen Essen auch angefasst oder wieder ausgespuckt werden darf, können sie diese Scheu mit steigendem Alter ablegen.

Eine echte Angst entsteht erst mit der Zeit, etwa ab dem höheren Kindergartenalter. Beispielsweise wenn ein Kind erfährt, dass es eine Allergie oder Unverträglichkeit bei Nahrungsmitteln hat, kann es passieren, dass Angstgefühle entstehen, sobald ihm etwas zu essen angeboten wird: *„Darf ich das essen? Kann ich das ab? Wird mir wieder schlecht werden? Schimpft jemand, wenn ich es ausspucken muss?"*

Es spielt eine Rolle, welche Erfahrungen dein Kind mit den Lebensmitteln gemacht hat, aber auch die Reaktionen des Umfelds können eine Bedeutung haben. Wird ständig kommentiert, wenn dein Kind etwas wieder aus dem Mund nehmen möchte, nachdem es probiert hat, oder hört es häufig, dass die Lebensmittel, die es isst, zu süß oder zu fettig sind, kann es verunsichert oder sogar verängstigt werden: *„Darf ich das essen? Bekomme ich Ärger? Werde ich jetzt dick?"* Solch ein Umgang mit Ernährung kann bis hin zu einer Essstörung führen. Es braucht Fingerspitzengefühl und vor allem ein gutes Vorbild, um deinem Kind ein gesundes Essverhalten mitzugeben. Manchmal sind es Großeltern oder auch das Personal in Kita oder Schule, die veraltete Sprüche rund ums Essen machen. Hier darfst du die anderen Erwachsenen gern ausbremsen, damit dein Kind dadurch keine Ängste entwickelt. Beispielsweise kannst du erzählen, dass Kinder Bitterstoffe viel intensiver schmecken als wir Großen, und diese Bitterkeit ein Anzeichen für „giftiges Essen" ist. Spucken Kinder Kohlrabi gleich wieder aus, ist das ein normaler Schutzmechanismus, keine Respektlosigkeit.

Bei manchen Kindern lösen bestimmte Konsistenzen wie „dickflüssig“ oder „zäh“ Ekelgefühle aus. Das kann sich dann als Angst äußern. Das Erlebnis mit dieser Konsistenz war so unangenehm, dass dein Kind es nicht wieder haben möchte. Das Wichtigste ist: Übe keinen Zwang aus. Kein Kind muss unbedingt Lebensmittel A oder B essen. Es gibt so viel Auswahl. Und wenn es hier frei probieren darf, kann sich mit der Zeit sein Speiseplan auch wieder vergrößern.

Lust auf Essen machen

Ist die Ursache für die Angst eine Lebensmittelunverträglichkeit, kann eine Schulung helfen, dein Kind sicherer und weniger ängstlich zu machen. Das kann zum Beispiel eine Ernährungsberatung leisten, die speziell mit Kindern arbeitet.

Gab es bei euch oder in eurem Umfeld zu viele verunsichernde Sprüche, wenn dein Kind gegessen hat, sodass es nun Angst hat, am Tisch etwas falsch zu machen, schau dir diese Ängste mit deinem Kind genau an: Wer hat was behauptet? Könnt ihr die Behauptungen nachprüfen? Wie bunt ist der Speiseplan deines Kindes? Ist er nicht eigentlich so ausgewogen, dass auch Kakao und Chips mal Platz haben?

Stresst die Konsistenz, nähert euch den jeweiligen Lebensmitteln anders: Mag dein Kind sie mal mit zubereiten? Roh befühlen und verarbeiten, gekocht zerschneiden? Lass zu, dass dein Kind ein bisschen mit diesem Essen spielt, um die Scheu zu verlieren. Und wenn es dann immer noch nicht probieren mag, ist das kein Beinbruch. Es gibt genug Alternativen. Aber dein Kind hat sich als mutig und offen erlebt – das zählt.

Hinter Angst vor dem Essen kann vieles stecken, beispielsweise auch eine psychische Belastung und eine Magersucht. Beobachtest du diese Angst sehr intensiv und über Monate hinweg, zieh auf jeden Fall eure kinderärztliche Praxis zurate.

Und was ist mit deiner Angst?
Wie frei begegnest du selbst verschiedenen Lebensmitteln? Ist dein Speiseplan bunt und vielfältig? Oder hast du selbst Ängste vor bestimmten Gerichten? Oder gar vor Fett, Zucker, Kalorien? Gerade beim Essen bist du ein wichtiges Vorbild für dein Kind. Hast du mit dem Thema schon lange ein intensives Problem, suche dir professionelle Hilfe. Die erste Anlaufstelle kann deine hausärztliche Praxis sein. Hast du einfach nur eine gewisse Scheu, mal andere Dinge zu probieren, sieh dein Kind als Chance: Traut euch gemeinsam, mal ein anderes Obst, eine neue Käsesorte oder ein fremdes Gebäck zu kaufen und zu testen. Kocht mal ein ganz unbekanntes Rezept nach. Und nehmt dabei an, dass auch Speisereste mal im Müll landen dürfen. Ihr übt und lernt.

Angst vor Medieninhalten und Fantasiegestalten

Wo Kinder aufwachsen, werden Medien genutzt. Manchmal sind das einfach die Eltern, wenn sie Geschichten erzählen, aber zumeist sind es Bücher, Filme, Bilder, Tonträger oder auch Gesellschaftsspiele. Erreicht dein Kind die Magische Phase, etwa nach dem 2. Geburtstag, kann seine Fantasie mit ihm durchgehen und Ängste entstehen lassen. Besonders im Alter von 4 bis 5 Jahren erreicht das seinen Höhepunkt: Was ist echt? Was nicht? Was aus dem Buch passiert vielleicht gleich nebenan in unserer Küche? Oder morgen auf dem Weg zum Kindergarten? Gibt es solche bösen Menschen auch in unserer Stadt? Wenn kindliche Fantasie angeregt wird, kann das wunderbar und fürchterlich sein.

Und was ist mit deiner Angst?
Ein paar Figuren werden es vermutlich immer schaffen, bei deinem Kind Gänsehaut auszulösen, auch wenn es irgendwann 15 oder 25 ist. Vermutlich gibt es für dich auch einige solche Gestalten. Geschichten leben ja davon, dass es auch das Dunkle gibt. Solange die Angst davor an keiner Stelle bestimmend wird und einschränkt, was man tun möchte, ist das ein normales Phänomen, das einfach so sein darf. Wie geht es dir mit gruseligen Motiven und beängstigenden Storys und Filmen? Meidest du sie eher und stehst auf Komödien und Gute-Laune-Bücher? Das ist total legitim. Niemand muss Horrorfilme gucken. Wenn dich immer noch eine Figur oder ein besonderer Handlungsstrang ängstigt, wag dich jetzt mal neu daran und vermeide die Geschichte nicht. Kannst du deinen Körper und deinen Kopf beim Lesen nun beruhigen? Geht es besser als früher, weil du jetzt andere Strategien zur Hand hast? Dann erzähl deinem Kind davon.

Wenn Bücher Angst machen

Bei kleinen Kindern in der Magischen Phase ist gut, dass sie Bücher meist mit einem Erwachsenen gemeinsam anschauen oder sie vorgelesen bekommen. So können beängstigende Inhalte rasch einsortiert werden. Dennoch können manche Geschichtsverläufe, Figuren oder Illustrationen intensiv im Kinderkopf hängen bleiben und Ängste auslösen.

Erfundene Figuren gab es schon immer in nett und in böse. Monster, Hexen, Gespenster und andere Fantasiegestalten haben oft erschreckende Fähigkeiten oder ein gruseliges Aussehen. Sie kommen in Büchern vor, aber auch in den eigenen Gedanken eines Kindes, sobald es sie kennengelernt hat. Da können sie noch größer und beängstigender werden.

Gruseln begleiten
Manchmal ist ein Kind dann derartig fasziniert, dass es das Gruselige immer wieder hören und sehen möchte. So arbeitet es sich daran ab, versucht, es zu verstehen und zu bewältigen. Lass ihm diese Chance, auch wenn es jedes Mal aufs Neue intensiv reagiert. Es freundet sich mit dem Angstauslöser an. Du kannst dabei zusätzlich unterstützen, wenn du den Blick gemeinsam mit deinem Kind darauf richtest, was es zu seiner Beruhigung tun kann. Überlegt auch, was es unternehmen könnte, wenn die Fantasiegestalt eines Tages tatsächlich im Wohnzimmer stünde.

Manchmal vermeidet ein Kind Beängstigendes aber auch extrem, will nie wieder davon hören, versteckt ein Buch oder reagiert mit Wut, wenn es ihm zufällig in die Hände fällt. Das ist okay. Wie bei dir auch muss kein Kind jedes Medium und jedes Genre lieben lernen. Sobald dein Kind aber derartig unter Ängsten leidet, dass es nicht mehr schlafen kann, Geschichten körperliche Reaktionen auslösen, selbst wenn das Lesen eine ganze Weile her ist, oder dein Kind bestimmte Situationen partout vermeiden will, weil da ein Monster oder eine Hexe auftauchen könnten, braucht es natürlich deine Unterstützung. Hier kannst du Magie nutzen, denn auch dein Kind kann in seiner Vorstellung ja Zauberkräfte entwickeln. Helfen ihm ein Anti-Monster-Spray, ein Zauberstab, Zaubersprüche? Hilft es ihm, wenn ihr euch eigene Monster mit positiven Kräften ausdenkt und sie zeichnet oder als Plüschfigur näht? Was kann dein Kind also tun, um sich mit gefährlichen Figuren anzufreunden oder sich im Kampf gegen sie stark zu fühlen?

Wenn Filme und Hörspiele Angst machen

Filme und Tonträger oder gestreamte Hörspiele sind nochmal ein ganz anderes Kaliber als Bücher. Denn erstens enthalten Filme von anderen kreierte, vielleicht heftige und schnell wechselnde Bilder. Speziell Brutalität kann das Gefühl wachsen lassen, nicht mehr sicher zu sein:

„Kann das auch bei mir passieren?“ Zweitens tauchen in Hörspielen gruselige Geräusche und fremde Stimmen oder beängstigende Musik auf. Und drittens werden diese Medien nicht immer gemeinsam mit einer Bezugsperson angesehen oder angehört. Die fehlende Begleitung kann das Regulieren von Angstgefühlen erschweren. Beim Vorlesen hingegen können gruselige Inhalte rasch persönlich eingeordnet werden.

Vorher und nachher verarbeiten

Manchmal kannst du nicht vorhersehen, welche Filminhalte oder Hörspielstorys dein Kind ängstigen. Und teilweise hast du auch nicht in der Hand, was dein Kind beispielsweise bei anderen konsumiert. Mach dir keine zu großen Vorwürfe deswegen. Das passiert, muss dann nur bearbeitet werden.

Hat dein Kind schon etwas gesehen oder gehört, was es ängstigt, lass es davon erzählen oder in Rollenspielen Verarbeitung finden:

- *„Was ist da passiert? Wie ging es der Figur?“*
- *„Was glaubst du, hätte sie anders machen können?“* – Steig mit deinem Kind gleich ein in Gedanken zu aktiven Strategien im Umgang mit beängstigenden Situationen.
- *„Sollen wir uns zusammen nochmal in Ruhe ein Buch dazu anschauen?“* – Es kann helfen, das Gesehene nochmal mit dir gemütlich auf dem Sofa im eigenen Tempo deines Kindes zu erkunden, wenn es ein Buch zum Film oder Hörspiel gibt. Andernfalls kannst du mit ihm im Internet auch die Story nochmal ganz in Ruhe nachlesen.
- In Rollenspielen ist es wichtig, deinem Kind dabei zu helfen, dass die Geschichte gut ausgeht: *„Was könntest du unternehmen? Ich würde jetzt …“*

Möchtest du vorab eine gute Auswahl für dein Kind treffen, denk daran, dass Zeichentrick oft weniger beängstigend wirkt als Filme mit echten Darstellern. Und selbst in animierten Geschichten werden

Tiere als weniger bedrohlich aufgenommen als reale Menschen. Auch danach kannst du auswählen. Denn alles, was deinem Kind aus dem Alltag bekannt ist oder sich leicht in seinem eigenen Alltag abspielen könnte, löst rascher Ängste aus.

Bei einem sehr ängstlichen Kind ist es sinnvoll, die Handlung eines Films oder Hörspiels vorab mit ihm nachzulesen. Für uns Erwachsene würde so die Spannung verloren gehen, und für dein Kind ist genau das der entscheidende Punkt. Es weiß nun, was passieren wird. Das macht sicherer und mutiger.

Eine gute Einschätzung zur Altersfreigabe, die über die simplen FSK-Angaben hinausgeht, findest du auf flimmo.de.

Wichtig ist, deinem Kind derlei Medien nicht einfach zu verbieten. Führe es gut von dir begleitet langsam an Filme oder Hörspielgeschichten heran, damit es lernen kann, damit umzugehen.

Wenn Spiele und Spielsachen Angst machen

Diese Angst betrifft meist das Kindergartenalter. Manche Gesellschaftsspiele und auch Spielzeuge haben das gleiche Potenzial wie Bücher & Co. Sie enthalten Regelungen, Abbildungen oder bringen Abläufe mit sich, die deinem Kind Gänsehaut und mehr machen können, weil die dadurch entstehenden Gedanken unangenehm sind. Ein Geist taucht auf, es wird jemand ermordet oder auf dem Spielplan ist eine fiese Fratze abgebildet. Clown- und Puppengesichter, Hexenmasken oder andere Karnevalskostüme und sogar manche Stofftiere können beängstigend wirken. Dahinter steckt ein unangenehmes Gefühl, weil die Gesichter irgendwie menschlich aussehen, aber sich nicht regen können und weder freundliche Augen noch ein offenes Lächeln zeigen.

Vorsichtig heranführen

Auch hier kann die Reaktion bei deinem Kind von Faszination bis Abkehr reichen. Geh damit um wie im Kapitel zu den Büchern ab Seite 188 beschrieben: Mag dein Kind sich damit befassen, sorg für Beruhigung und nimm dir die Zeit, das Ganze immer wieder mit ihm unter die Lupe zu nehmen. Mag es die Sachen nicht anschauen, gesteh ihm das zu.

Gerät es dennoch in beängstigende Situationen beispielsweise mit kostümierten Personen, biete ihm deine Nähe an und versuche, mit ihm hinter die Maskeraden zu schauen. Im Kindergartenalter ist das manchmal sehr schwer, gerade wenn eigentlich vertraute Erzieher oder Erzieherinnen plötzlich angemalte Gesichter haben, die vollkommen fremd wirken. Dein kleines Kind kann dann nicht verstehen, dass das eigentlich die gewohnte, nette Person ist, die es gut kennt. Gib ihm Zeit, aber verlass unter Umständen auch die Situation mit ihm, wenn es sich dort gar nicht einfühlen kann. Und besprecht die Herausforderung ausführlich nach.

Dass Plüschtiere und Puppen menschliche Züge haben, lässt sich auch nutzen, denn die Spielsachen, die dein Kind mag, können leicht seine Kumpanen werden: Ein schwieriges Thema mag dein Kind wahrscheinlich lieber besprechen, wenn der nette Plüschhund danach fragt, als wenn du es einfach darauf ansprichst. So ein Mittelsmann kann vielleicht auch dabei helfen, die gruselige Puppe mit der Zeit etwas weniger beängstigend zu finden.

Das Gleiche gilt für Kostümierungen. Sie können dein Kind nicht nur ängstigen, sondern auch stark machen. Eine Verkleidungskiste mit Kleidungsstücken, Masken, Helmen, Tüchern, Schminke, Perücken und mehr ist ein spannender Fundus zum Spielen und um sich zu verwandeln. So kann es die Angst überwinden und kann damit vielleicht auch in eine Rolle schlüpfen, die ihm gegen seine Ängste hilft.

Angst vor Einbrechern und Diebstahl

„Böse Menschen“ sind in Kinderköpfen diejenigen, die Regeln brechen: der Falschparker genauso wie die Frau, die bei Rot über die Ampel geht, der Bankräuber ebenso wie ein Politiker, der sein Land in den Krieg führt. Manchmal sind diese Personen weit weg vom Alltag deines Kindes und ängstigen dennoch. Und manchmal fühlen sie sich sehr nah an, zum Beispiel wenn über einen Diebstahl im Radio berichtet wird, bei den Nachbarn etwas gestohlen wurde oder sogar ihr selbst betroffen seid – und wenn es nur um eine Lieblingsschaufel geht, die vom Spielplatz mitgenommen wurde.

Angst macht daran die Unberechenbarkeit und die Erkenntnis, dass nicht alle Menschen auf der Welt nett zu den anderen sind. Das Urvertrauen wird erschüttert. Im Kopf deines Kindes können sich Gedanken entspinnen, die Angst auslösen. In der Regel werden diese Ängste im direkten Zusammenhang mit einer bestimmten Situation auftauchen, sodass du akut begleiten kannst und du gleich die Chance hast, die Gedanken mit deinem Kind besser einzuordnen.

Diebe bekämpfen

Sorge zunächst für körperliche Nähe:

- *„Magst du in meinen Arm/auf meinen Schoß kommen?“*
- *„Darf ich deinen Rücken streicheln, wenn wir darüber reden?“*

Du solltest darauf achten, deine eigenen Ängste nicht zu sehr zu thematisieren, sondern eher Vertrauen auszustrahlen, dass ihr ziemlich sicher vor den Bösewichten seid. Und sprecht dann darüber,

- dass es wenige Menschen gibt, die so böse sind,
- dass es manchmal Gründe gibt, warum jemand sich nicht korrekt verhält,

- aber auch, dass es durchaus in Ordnung ist, den Bösewichten dieser Welt die Meinung zu sagen – auch der Frau, die am Spielplatz eine Zigarettenkippe in den Sand schnipst, oder dem Mann, der auf der Rolltreppe ignorant dein Kind anrempelt.

Sprecht außerdem darüber, dass es Möglichkeiten gibt, sich gegen Einbruch oder Ähnliches abzusichern. Also schaut wieder gemeinsam hin, was dein Kind allein oder mit dir aktiv tun kann, um sich im Vorfeld oder rein theoretisch auch im akuten Moment abzusichern oder Hilfe zu holen. Mach nicht nur Vorschläge, sondern frag auch dein Kind nach Ideen. Vielleicht könnt ihr gemeinsam etwas basteln, Glöckchen oder Stolperbänder aufhängen. Was fällt ihm noch ein?

Und was ist mit deiner Angst?
Kommst du selbst gut mit Bösewichten zurecht? Wie groß ist deine Angst vor Einbrüchen, Überfällen und um deine körperliche Unversehrtheit? Hast du zu viele Schlösser an Fenstern und Türen und musst beim Verlassen des Hauses mehrfach checken, ob alles abgeschlossen ist? Bist du Fremden gegenüber, die dich vielleicht einfach Hilfe suchend ansprechen, sehr misstrauisch? Solche Verhaltensweisen können auf dein Kind abfärben und würden ihm über die Zeit Stress verursachen.

Du hast also zwei gute Gründe, gegen diese Ängste bei dir etwas zu unternehmen: deine und seine Belastung. Befasse dich damit, wie wahrscheinlich oder gerade unwahrscheinlich es ist, dass jemand bei euch einbricht oder du unterwegs Opfer eines Überfalls wirst. Suche nach Möglichkeiten, die dich absichern, ohne dass sie dich dazu bringen, etwas zwanghaft dutzendfach zu kontrollieren. Und übe gegebenenfalls Interaktion mit Fremden, um zu spüren, dass dir nicht jeder deine Handtasche stibitzen will. Sieht dein Kind bei dir mehr Leichtigkeit, kann es auch ein wenig unbedarfter in die Welt gehen.

Angst vor Tieren

Manche Tiere sind gefährlich. Angst vor ihnen zu haben, ist nicht das Schlechteste, denn wer beispielsweise einfach so in ein Tigergehege geht, wird das sehr bereuen. Eine Angst, die nicht einschränkt, sondern wachsam macht, ist hilfreich für den Umgang mit Tieren. Panik und Erwartungsangst hingegen können hinderlich und auch gefährlich werden, zum Beispiel wenn dein Kind einem Hund begegnet und ohne nachzudenken auf die Straße läuft, um Abstand zwischen sich und das Tier zu bringen.

Und was ist mit deiner Angst?
Welche Tiere machen dir Angst? Typisch sind Hunde, Wölfe oder Bären, Löwen und Tiger, die ein furchteinflößendes Gebiss und immense Kräfte haben. Auch Schlangen und Spinnen, die möglicherweise giftig sein können und sich unberechenbar bewegen, ängstigen überdurchschnittlich viele Menschen. In unserem Alltag kommen viele dieser Tiere zum Glück gar nicht vor, besonders nicht in freier Wildbahn. Spinnen und Hunde sind da eine Ausnahme. Ihnen kannst du täglich begegnen. Wie kommst du damit zurecht? Bist du deinem Kind ein Vorbild in einem kontrollierenden, aber nicht panischen Umgang mit ihnen? Falls nicht, kannst du dich vielleicht darauf einlassen und mit deinem Kind gemeinsam üben, diesen Tieren etwas lockerer zu begegnen.

Wenn Spinnen Angst machen

Nicht nur Giftspinnen, auch ganz harmlose Arten dieser Achtbeiner, die vor uns viel mehr Angst haben müssten, als wir vor ihnen, können einem Kind Angst machen. Dafür muss es manchmal nicht einmal das echte Tier sein, sondern bloß eine Fotografie oder sogar nur eine Comiczeichnung. Die haarigen Beine, die vielen Augen und der Gedanke an unerwartete Sprünge machen Gänsehaut und mehr. Giftigkeit ist gar nicht so entscheidend.

Wenn jemand aus einem Unbehagen heraus eine Spinne nicht mit der Hand, sondern mithilfe eines Glases fangen mag, ist das absolut im Rahmen. Mag aber dein Kind keinen Garten betreten, auf keiner Wiese sitzen oder nicht mal auf den Balkon gehen, weil dort eine Spinne sein könnte, ist seine Angst belastend und bestimmend. Vielleicht mag es phasenweise nicht mal in sein Bett, weil darunter oder auch auf der Decke eine Spinne auftauchen könnte oder sogar schon mal vorbeigekrabbelt ist.

Mit Spinnen bekannter werden
Lass dein Kind zunächst wissen, dass die Angst vor Spinnen auch eine Urangst ist, die viele Menschen teilen. Und finde heraus, was genau ihm an den Spinnen solch eine Angst macht.

- *„Ich finde es toll, wenn jemand eine Spinne genauso auf die Hand nehmen mag wie einen Marienkäfer, um sich das Tier genau anzusehen. Aber ich kann das auch nicht gut und das geht vielen so."*
- *„Wahrscheinlich kommt das daher, dass wir nicht so gut einschätzen können, wohin ihr nächster Schritt geht. Oder was glaubst du?"*

Versuche, dich und dein Kind mit Spinnen mehr zu verbinden. Dabei kann es hilfreich sein, einen Filmbericht darüber zu schauen, wie pfiffig Spinnen beim Netzbauen sind, oder einen Comicfilm zu suchen, in dem eine Spinne sehr niedlich und freundlich dargestellt wird. Es gibt auch sympathische Plüschspinnen.

Sucht draußen ein Spinnennetz und beobachtet ein Tier live beim Bauen, wenn ihr könnt. Und probiert auch, die nächste Spinne, die euch im Haus begegnet, vorsichtig einzufangen und rauszusetzen: ohne Staubsauger und Zeitung als Waffe. Dein Kind sollte merken, dass der Umgang mit Spinnen zu schaffen ist. Wahrscheinlich müsst ihr beim Üben auch wieder an den Punkt des Beruhigens denken: Wie kann dein Kind atmen oder anders für sich sorgen, um der Spinne möglichst ungestresst zu begegnen?

Spinnen müssen nicht zum geliebten Haustier werden, aber die Angst vor ihnen sollte deinem Kind auch nicht diktieren, wo es sich aufhalten kann.

Wenn Hunde Angst machen

Auch Hunde müssen nicht jedem Menschen gefallen. Besonders ihre Zähne können Angst machen, lautes Gebell ist erschreckend, und meistens ist der Hundekopf auf einer ähnlichen Höhe wie der deines Kindes. Die Angst vor Hunden sollte bei allem angebrachten Respekt vor den Tieren aber so klein werden, dass dein Kind mit sicherem Gefühl an ihnen vorbeigehen kann. Und vielleicht mag es sogar irgendwann einen Hund streicheln oder noch weiter mit ihm interagieren. Wenn es das schafft, wird das ein großartiger Moment sein, der seinen Selbstwert und sein Kompetenzgefühl unglaublich steigern kann.

Hunden begleitet begegnen

Kinder, die von Geburt an mit einem Hund groß werden, entwickeln in der Regel keine Angst vor ihnen. Einfach einen Hund anzuschaffen, weil das eigene Kind Ängste zeigt, ist hingegen keine gute Idee. Es braucht wieder kleine Schritte.

Am besten suchst du Kontakt zu jemandem, der sich gut mit Hunden auskennt und ein sehr wohlerzogenes Exemplar hat. Diese Person wird deinem Kind zeigen können, dass es sich beispielsweise am besten immer von vorn nähert und dann abwartet, ob der Hund Kontakt sucht, anstatt selbst einfach loszustreicheln. Dabei Abstand zu halten, ist eine gute Idee. Des Weiteren sollte dein Kind dabei lernen und ausprobieren, dass es gut ist, sich in der Nähe des Hundes eher langsam zu bewegen. Gerade junge Hunde verstehen Laufen schnell als Spielaufforderung und rennen dann mit, was wiederum sehr erschrecken kann.

Außerdem kannst du mit deinem Kind Orte wie Hundewiesen aufsuchen, wo viele Tiere zusammenkommen. Beobachtet sie dort aus der Ferne und zeige deinem Kind, wie nett die Tiere oft miteinander spielen und herumtollen. So kann es eine positive Verbindung zu dieser Tierart aufbauen.

Auch Bücher über die verschiedenen Hunderassen und ihre unterschiedliche Kinderfreundlichkeit sind gut. Möglicherweise entdeckt dein Kind ein Exemplar der darin beschriebenen zugewandten Sorte, wenn ihr gemeinsam unterwegs seid. Dann könnt ihr gerade dort Kontakt zu den Besitzern und Besitzerinnen und damit auch zum Tier aufnehmen.

Ähnlich häufig wie Hunden begegnet dein Kind wahrscheinlich Katzen. Sie ängstigen Menschen etwas seltener, aber auch hier gibt es Ängste. Katzen können dein Kind unerwartet mit ihren Krallen verletzen und es kann nicht immer gut einschätzen, wie sie sich im nächsten Moment bewegen werden. Vielleicht hat es sich auch schon erschreckt, weil eine Katze so einen starren Blick hatte oder plötzlich zu fauchen begann. Hier entsteht eine Angst meist nach einer unguten Erfahrung. Um sie wieder abzubauen, gelten die gleichen Impulse wie für die Angst vor Hunden: Lerne die Tiere nach und nach gemeinsam mit deinem Kind besser kennen. Übt gemeinsam mit jemandem, der sich gut auskennt, wie man ihnen umsichtig begegnet.

Angst vor spitzen und scharfen Gegenständen

Eine besondere Angst, die aber gar nicht selten vorkommt, ist die vor spitzen Gegenständen. Im Kapitel über die Angst vor Schmerzen ab Seite 165 hast du schon davon gelesen, denn gerade Spritzen und Kanülen verletzen ja definitiv die Haut und sorgen für einen Schmerz. Aber auch Messer, Scheren oder Nähnadeln können diese Ängste auslösen. Denn sie können potenziell verletzen, wenn man sie nicht richtig hält oder falsch einsetzt.

Mit diesen Dingen behutsam umzugehen, ist natürlich richtig, aber Angst müssen sie einem nicht machen. Sie können nicht selbstständig auf jemanden losgehen. Und wenn man sie vorsichtig benutzt, verursachen sie auch keinen oder nur einen kalkulierbaren Schmerz. Zeigt dein Kind dennoch übermäßige Angstreaktionen, sobald ein Messer auf dem Tisch liegt, ein Arzttermin samt Impfung ansteht, oder auch nur, wenn in einem Kinderbuch eine Schere abgebildet ist, dann braucht es wieder Unterstützung.

Routine bekommen

Dein Kleinkind braucht dich als Sicherheitschef oder -chefin. Nimm es auf den Schoß, wenn du schneidest oder eine medizinische Versorgung mittels Nadeleinstich notwendig wird. Lass es zu Hause vorsichtig erfühlen und ausprobieren, wie spitz oder scharf ein Gegenstand ist.

Spätestens ab dem Vorschulalter sollte dein Kind immer selbstständiger mit diesen Dingen hantieren. Dabei könnt ihr Hilfsmittel zum Schutz nutzen, wie einen speziellen Handschuh beim Schnitzen oder gut geschärfte Messer in der Küche, die nicht abrutschen. Lass dein Kind mit einer Marinierspritze den Braten würzen oder Holzperlen mit einem Faden auffädeln, an dessen Spitze eine Nadel angebracht ist.

So kann es erleben, dass die spitzen und scharfen Gegenstände beherrschbar und hilfreich sind. Sind Aufregung und Angst bei den ersten Versuchen sehr groß, schaut wieder, welche Entspannungstechniken deinem Kind in der Akutsituation helfen: zum Beispiel sich berühren, bewusst atmen oder auch singen, pfeifen und sich selbst etwas Stärkendes sagen.

Das Einstechen von Spritzen und Kanülen verursacht immer Schmerzen. Die Erwartungsangst nach einer ersten Erfahrung kann riesig sein. Du kannst sie für dein Kind mittels der leicht betäubenden Pflaster, die es inzwischen gibt, ein wenig lindern. Kleb das Pflaster rechtzeitig vorher auf, dann kann dein Kind spüren, dass der Stich gar nicht so schlimm ist wie gedacht. Und versuche, ihm zu helfen, sich beim Einstechen auf etwas anderes zu konzentrieren: Mag es pfeifen? Mögt ihr „Ich sehe was, was du nicht siehst" spielen?

Fällt es deinem Kind dennoch schwer, die Angst im Zaum zu halten, ist es bei einer Impfung okay, einen zweiten Versuch an einem neuen Termin zu starten. Bei allem, was akut sein muss, hilft in der Regel kein ewiges Herauszögern und Herumprobieren, sondern nur ein Festhalten und Hindurchhelfen. Wenn ihr ansonsten in guter Beziehung zueinander seid, kann die Sicherheit deines Kindes diese schützende Gewalt aushalten. Biete ihm danach Raum, sauer zu sein und den medizinischen Eingriff echt doof zu finden. Und nimm seine Wut nicht persönlich.

Und was ist mit deiner Angst?
Wie geht es dir denn mit Nadeln & Co.? Schiebst du Impfungen oder einen Zahnarztbesuch deswegen auf? Denk daran, dass Hemmung die Angst zur Bestimmerin über dich macht. Du solltest die Situationen nicht vermeiden, sondern mit deinen Entspannungsstrategien für Kopf und Körper angehen. Trau dich. Und wenn du nochmal unerledigter Dinge heimgehen musst, ist das kein Scheitern. Du bist unterwegs und kannst es wieder probieren.

SO GEHT IHR MIT ANGST IN BESONDEREN KRISEN UM

Manche Ängste können in Lebenssituationen entstehen, die andere gar nicht kennen. Das kann im Familienleben genauso sein wie aus der großen Weltpolitik heraus. Wenn dein Kind sich durch eine Krise ohnmächtig fühlt und hoffnungslos in die Zukunft blickt, braucht es Hilfe gegen die entstandene Angst. Und du auch.

Eine Krise ist eine Phase der Ungewissheit. Diese Zeit wird als bedrohlich erlebt. Nichts scheint mehr berechenbar zu sein. Ein Kind in einer Krise weiß nicht genau, was passiert und wohin das Erlebte führen wird. Es zweifelt, ob alles wieder gut wird, und hat womöglich Angst, dass es etwas verlieren könnte: eine Bezugsperson, seine Gesundheit, seinen bekannten Alltag. Das liegt daran, dass etwas geschehen ist, das absolut neu und unbekannt ist. Dein ängstliches Kind kennt keine Strategien, um mit diesen neuen Gefühlen umzugehen. Und auch für dich ist das vielleicht neu.

Manche Kinder erleben schon eine für uns eher als Kleinigkeit angesehene Veränderung als Krise, wie den Umzug in ein anderes Zimmer oder den Verlust einer geliebten Tasse. Für sie wirkt so etwas genauso überwältigend und störend wie die Geburt eines Geschwisterkindes, der Weggang der geliebten Bezugserzieherin, der Tod des Opas oder die Trennung der Eltern. Und auch Nachrichten aus einem Kriegsgebiet oder über ein Hochwasser können die gleichen Ängste aufwecken. Tu eine solche Angst auf keinen Fall ab, nur weil du den Auslöser eher lächerlich findest.

Diese empfundene Hilfslosigkeit braucht deine Unterstützung, selbst wenn du dich selbst gar nicht so anders fühlst. Auch durch diese Ängste könnt ihr miteinander gehen.

Angst vor Krisen in der Welt

Große Krisen in der Welt machen uns allen Sorgen. Wir haben keinen unmittelbaren Einfluss darauf, ob Politiker oder Politikerinnen einen Krieg anzetteln oder wo eine Dürreperiode einsetzt. Und wir können nicht einschätzen, was das genau für uns bedeutet. Als erwachsene Person kannst du Meinungsbilder dazu lesen und versuchen, dich damit zu beruhigen. Und du kannst dir Gedanken dazu machen, wie du dich absichern kannst, um möglicherweise nicht zu sehr von einer Krise getroffen zu werden. Du kannst sogar an den Wahlen teilnehmen und deine Stimme einer Partei geben, von der du dir erhoffst, dass sie eine Krise gut bewältigen wird. Du bist also nicht absolut ohnmächtig.

Dein Kind braucht Wissen rund um eine Krise in altersgerechten Häppchen und Worten. Außerdem braucht es das Gefühl, dass du zuversichtlich in die Zukunft gehst und dass es möglicherweise Kleinigkeiten gibt, die ihr doch gemeinsam unternehmen könnt.

Wenn Nachrichten Angst machen

Von Umweltkatastrophen, Kriegen und Ähnlichem wird dein Kind durch andere Kinder hören, aus den Nachrichten erfahren oder das ein oder andere Detail aus den Gesprächen mitbekommen, die du führst. Als Schulkind wird es möglicherweise sogar gezielt im Rahmen einer Unterrichtsreihe darüber informiert (und manchmal sogar schon als Kindergartenkind). Dass es danach Sorgen hat und viele Fragen stellt, ist normal und gut. Wenn es sich aber ganz und gar in seinen Ängsten verliert, kaum noch an etwas anderes denken kann und vielleicht sogar körperlich reagiert, ist das natürlich ein Problem.

Altersgerechte Informationen sammeln

Im Kindergartenalter braucht dein Kind vor allem eine ganz alltagsbezogene Klarheit:

- Sag ihm, was in seinem Leben gleich bleibt trotz der Krise. Das wird ziemlich viel oder sogar alles sein.
- Sag ihm gegebenenfalls, was sich verändert und wie, wenn die Veränderung jetzt direkt eintritt. Du musst nichts davon erwähnen, was in einem Monat oder in einem Jahr sein wird.
- Spare alles aus, was noch nicht feststeht. Mutmaßungen erzeugen möglicherweise weitere Ängste, die gar keine Grundlage haben.
- Kuschelt bei den Gesprächen.
- Nutz lieber Bilderbücher als Fotos aus dem Internet, um bestimmte Sachverhalte zu veranschaulichen.
- Guck, ob bestimmte Kinderseiten von öffentlich-rechtlichen Fernseh- oder Radiosendern altersgerechte Informationen für Kindergartenkinder anbieten.

Ab dem Schulalter kannst du mit deinem Kind Kindernachrichten schauen und hören, um aktuelle Ereignisse gut einzuordnen. Das wird dir helfen, möglichst altersgerechte Formulierungen und Erklärungen zu finden. Auch dann ist es noch wichtig, den Kindern Zuversicht mitzugeben und das Wissen dazu, was die Krise für sein Leben bedeutet oder nicht.

Das, was dir selbst Angst macht, wird größtenteils viel tiefer gehen als die Ängste deines Kindes. Wenn du dich vor bestimmten Details fürchtest, ist das ein guter Indikator, im Gespräch genau diese Tiefe zu vermeiden.

Mit Kindern ab dem Kindergartenalter kannst du außerdem schauen, ob ihr etwas unternehmen könnt: Hilfspakete versenden, Plakate gestalten und ins Fenster hängen, ein Kindergarten- oder Schulprojekt zum Thema mitplanen, eine Demo besuchen, einen Brief an Politiker oder Politikerinnen verfassen – wichtig gegen die Angst deines Kindes ist, dass es nicht nur tatenlos dabeisitzen muss.

Und was ist mit deiner Angst?
Wie groß ist deine Angst rund um das Weltgeschehen, das du nicht beeinflussen kannst? Schiebst du Themen weg, die dich kaum berühren? Informierst du dich über sie und kommst gut zurecht oder machen dir derlei Nachrichten Angst? Reagierst du heftig auf schlechte Neuigkeiten und Krisenfälle? Vermeidest du vielleicht, überhaupt etwas davon mitzubekommen?

Dann solltest du dich gemeinsam mit deinem Kind auf den Weg machen: Setz dich mit den Nachrichten auseinander, aber nur über seriöse Quellen ohne reißerische Überschriften und extra Angst machende Schlagzeilen. Finde heraus, inwiefern die Nachrichten dein Leben betreffen, und such nach Sicherheit. Das ist so viel besser als die Fakten ganz auszublenden oder dauerhaften Stress zu fühlen.

Und kannst du dich engagieren? Selbst wenn es nur im Kleinen ist, ist das besser, als ohnmächtig zu sein.

Angst vor Krisen zu Hause

Wenn zu Hause, an dem Ort, wo man sich geborgen fühlen sollte, etwas in Aufruhr gerät und sich verändert, kann das dein Kind stark verunsichern. Bei den wenigsten Veränderungen wird es gleich eine Idee haben, wie es gut damit umgehen kann. Das ist die Chance für die Angst, stark zu werden und über dein Kind zu bestimmen. Es braucht deine Hilfe.

Wenn große Veränderungen Angst machen

Manchmal läuft das Leben ganz anders, als du es dir ausgemalt hast: Du verlierst deine Arbeit, ihr müsst eure Wohnung verlassen und umziehen. Oder ihr Eltern habt euch aus den Augen verloren und möchtet euch trennen. Eine wichtige Bezugsperson deines Kindes erkrankt schwer oder stirbt, oder ein weiteres, sehr herausforderndes Kind wird in eure Familie hineingeboren. Es gibt vieles, auf das man sich nicht gut vorbereiten kann. Solche großen Veränderungen sind schon für Erwachsene hart, aber erst recht für ein Kind, das sich sicher fühlt, wenn sein Leben in geordneten Bahnen verläuft, der Alltag ohne Überraschungen ist und die Eltern zuverlässig für es da sind.

Dann kann Angst entstehen: *„Was ist da los? Habe ich noch Boden unter meinen Füßen?“* Das Gefühl der Ungewissheit stresst dein Kind. Es braucht von dir Wissen darüber, was passiert und wohin der Weg gehen wird. Es braucht Beruhigung und deine Zuversicht, dass ihr das schon schafft. Es braucht Sicherheit.

Klarheit schaffen

Dein Kind muss nicht wissen, warum genau du deine Arbeit verloren hast, welche Prognosen die Ärzte dem kranken Schwiegervater gegeben haben oder warum ihr Eltern euch trennen wollt. Es braucht Wissen darüber, was diese Krise für sein Leben bedeuten wird:

- Sag deinem Kind, was sich in seinem Alltag verändert. Was wirst du unternehmen? Was werdet ihr gemeinsam tun?
- Sag ihm auch, was gleichbleibt.
- Wenn Veränderungen anstehen, biete ihm Möglichkeiten an, diese mitzugestalten: Was kann es tun? Was kann es auswählen? Wo kann es Vorschläge machen? Der Spielraum darf nicht zu weit werden, sondern sollte sich wieder am Alltag deines Kindes orientieren: Kann es nach einem Umzug sein Zimmer mitgestalten? Im Trauerfall die Feier mitplanen?

Ab dem Vorschulalter kannst du nachfragen, wovor dein Kind konkret Angst hat, und darauf eingehen. Sind die Ängste berechtigt? Wo sind sie es nicht? Reicht das zur Beruhigung oder müsst ihr hinschauen, was dein Kind noch für seinen Körper und seinen Kopf tun kann, um entspannter zu werden und der Angst den Wind aus den Segeln zu nehmen.

Achte in Gesprächen über die Krisensituationen darauf, zu formulieren, wer etwas entschieden hat. So vermeidest du Schuldzuweisungen, denn der Fokus auf Schuld blickt oft destruktiv nach hinten statt konstruktiv nach vorn. Und du sorgst vor, damit auch dein Kind sich nicht schuldig fühlen muss:

- *„Die Firma musste entscheiden, dass ich gehe."*
- *„Der Vermieter möchte hier selbst einziehen."*
- *„Die Ärztin hat entscheiden, dass Oma diese Behandlung benötigt."*
- *„Wir haben entschieden, dass wir in verschiedenen Wohnungen leben möchten."*
- *„Wir haben uns für ein weiteres Kind entschieden und müssen jetzt herausfinden, wie wir im neuen Alltag gut zurechtkommen."*

Gib deinem Kind viel Nähe und Sicherheit: Kuscheln, Zeit, Raum für Fragen. Schenk ihm außerdem Raum für seine Gefühle: Vielleicht mag es sich bei dir öffnen und Angst, Traurigkeit oder auch Wut zeigen. Dann lass das zu, selbst wenn es dir wehtut.

Möglicherweise braucht es aber auch jemand anderen dafür. Wer ist im noch recht nah? Wem traust du eine gute Begleitung zu? Organisiere gemeinsame Zeit für dein Kind und diese Person.

Und was ist mit deiner Angst?
Derlei Veränderungen werden bei dir wahrscheinlich ähnliche Gefühle auslösen. Deine Angst ist verständlich, gerade wenn nicht klar ist, was kommen wird. Für dich ist jetzt wichtig, in ganz kleinen, überschaubaren Zeitfenstern zu denken: Was ist morgen? Was kannst du diese Woche noch tun? Mit wem kannst du jetzt sprechen? Wen kannst du am Wochenende um Rat fragen oder um Hilfe bitten? Welche offizielle Beratungsstelle könnte dir zur Seite stehen? Aber auch: Bei wem kannst du dich einfach mal ausweinen?

Wenn die finanzielle Situation Angst macht

Besonders einschneidend kann es für Familien sein, wenn die großen Veränderungen auch finanzielle Einbußen bedeuten. Denn das kann sich jeden Tag zeigen. Und auch deinem Kind würde es immer wieder sehr bewusst werden: Ihr müsst in eine kleinere Wohnung, die kaputte Hose kann nicht so schnell ersetzt werden, der Urlaub fällt aus, im Supermarkt rechnest du an den Regalen, die Wunschgeburtstagsparty ist zu teuer. Wird ein Kind nicht in eine finanziell schwierige Situation hineingeboren, sondern erlebt die veränderten Möglichkeiten auf einmal, kann das für plötzliche Ängste sorgen. Hinter Fragen wie *„Darf ich mir dieses Spielzeug denn noch wünschen?"* und *„Geht es Papa wohl gut?"* steckt vor allem *„Bin ich noch sicher?"* Auch wenn dein Kind dich dann nicht belasten möchte und darauf verzichtet, nach dem teuren Spielzeug zu fragen, sorgt es sich nicht einfach nur um dich und dein Wohlergehen, sondern immer auch um sich. Denn wenn du nicht sicher bist, ist dein Kind es auch nicht. Das macht ihm Angst.

Und wieder sind auch die Gedanken wichtig: *„Was sollen die anderen denken?"* – Bewertungsangst kann bei diesem Thema eine Rolle spielen. Was finanziell machbar ist, ist Kindern schon im Grundschulalter sehr bewusst. Kleidermarken, Häusergrößen, Autotypen, Wochenendunternehmungen, Urlaubsorte, Geburtstagsfeiern, ein eigenes Kinderzimmer und mehr können in ihrer Wahrnehmung relevant sein, unterscheiden Familien und verändern unter Umständen die Gefühle zu sich selbst. Ja, Selbstwert muss von innen kommen, ist aber in jungen Jahren und in Krisenzeiten immer wackelig und von Äußerlichkeiten abhängig.

Sorgen kleiner werden lassen

Ganz kleinen Kindern werden finanzielle Veränderungen noch kaum bewusst sein, aber schon im Kindergartenalter wird das anders. Bleib wieder dicht an deinem Kind:

- Welche Gedanken macht es sich?
- Was bedeutet die Veränderung konkret im Hier und Jetzt?
- Was bleibt gleich?
- Was könnt ihr tun, wenn Wünsche (zu) groß sind?
- Für was ist die finanzielle Lage gerade gar nicht so relevant?
- Wo sind die gerade gefühlten Ängste eigentlich viel zu groß und nicht notwendig?

Ab dem Grundschulalter kannst du auch immer besser erzählen, wann du schon mal ähnliche Erfahrungen gemacht hast und wie du damit umgegangen bist.

Kindergarten und Schule sind wichtige Orte für ein Kind, wo es viel Zeit verbringt. Weihe die Gruppenleitung oder die Lehrkraft deines Kindes in eure veränderte Situation ein. Wenn man dort Bescheid weiß, kann auf dein Kind Rücksicht genommen werden. Im Alltag dort können die Erwachsenen mit darauf achten, dass finanzielle Unterschiede thematisiert und eingeordnet werden und vor allem auch, dass dein Kind sich dort als gemocht, stark und wertvoll empfinden kann.

Und was ist mit deiner Angst?
Welche Gedanken lösen die finanziellen Veränderungen in dir aus? Hast du große Ängste vor der Gegenwart und der Zukunft? In einer Krise kann dir das niemand verdenken. Für dein Kind und auch für dich ist es wichtig, dass du dich darin nicht verlierst. Möglicherweise kann eine kostenlose Beratung ein erster, stärkender Schritt sein, in der mit dir hingeschaut wird, welche Einnahmen und Ausgaben du hast, was du sinnvoll verändern könntest und wo es finanzielle Unterstützung gäbe. Das bietet beispielsweise die Caritas an.

Wenn elterliche Erkrankungen Angst machen

Eine andere, wirklich große und schlimme Veränderung sind schwere Erkrankungen bei einem Elternteil. Auch das kann dein Kind in seinen Grundfesten erschüttern und Angst machen. Das kann eine körperliche Erkrankung, wie Krebs, sein. Oder etwas, das eine Operation und längere Rehabilitationszeit notwendig macht. Und auch psychische Erkrankungen, wie Depressionen oder ein Burn-out, können für ein Kind ein großer, lähmender Schatten sein. Das ist neu, das ist fremd, niemand weiß genau, was es bedeutet und wo es hinführt.

Krankheiten besser verstehen

Suche unbedingt nach Büchern, die sich dem Thema der Erkrankung widmen, die du oder der andere Elternteil hat. Sie bieten gute Gesprächsanregungen, um deinem Kind altersgerecht zu erklären, was los ist. Außerdem zeigt ein Buch deinem Kind auch immer, dass es mit seiner Angst und seinen Sorgen nicht allein ist: Wenn es ein Buch gibt, dann sind auf der Welt auch noch andere Kinder, die gerade etwas Ähnliches fühlen. Das allein kann schon ein wenig Trost geben.

Ansonsten braucht dein Kind keine schwammigen Vermutungen wie Prozentangaben zu Heilungschancen oder zeitliche Schätzungen zum Heilungsprozess, sondern wieder klares Wissen für seine Gegenwart:

- Was steht jetzt an? Was ändert sich für dein Kind? Was bleibt gleich?
- Was kann es beitragen? Was kann es mitentscheiden?

Gerade der letzte Punkt ist wichtig. In großen Krisen bist du vielleicht schnell dabei, für dein Kind alles gut vorbereiten zu wollen. Aber es ist besser, dein Kind einzubeziehen. Sonst wird es nicht nur durch Ängste ohnmächtig gestimmt, sondern auch durch dich.

Und was ist mit deiner Angst?

Wie gehst du mit der Erkrankung um? Hast du große Angst um dich oder um den anderen Elternteil? Falls ja, werde mit deinem Kind aktiv. Was könnt ihr jetzt gegen körperliche Angstsymptome tun? Was beruhigt euch? Welches Wissen braucht ihr? Und welche hilfreichen Pläne könnt ihr schmieden, selbst wenn es nur klitzekleine Schritte sind?

Aber lass auch Raum für eure Gefühle. Deine solltest du größtenteils bei anderen Erwachsenen lassen. Dein Kind hingegen sollte alle Gefühle, die auftauchen, erst einmal herauslassen dürfen. Sie haben ihre Berechtigung: die Traurigkeit, die Wut, die Angst. Und dann versucht, über sie zu bestimmen. Ihr seid stärker.

DU KANNST DAS!

Niemand fühlt sich gern unsicher. Sicherheit schenkt Leichtigkeit und kann Stress vermindern. Veränderungen und Ängste können verunsichern und gehören zum Leben dazu. Aber sie sollten sich nicht dauerhaft festsetzen. Wichtig ist, bewältigungsstark mit ihnen umzugehen. Du für dich. Und du mit deinem Kind gemeinsam!

Du hast kennenlernen können, was Angst ist und wie unterschiedlich sie sich auch bei euch zu Hause zeigen kann. Du hast erfahren, wie du mit deinem Kind darüber sprechen kannst und welche Hilfe es von dir benötigt, um seiner Angst nach und nach den Raum in seinem Leben geben zu können, den sie einnehmen darf. Du und dein Kind könnt sie so zu eurer Begleiterin machen, die nicht bestimmt, wie ihr eure Tage verbringt. Wichtig ist dafür vor allem, dass du dich auf den Weg machst, nicht stehen bleibst und dann dein Kind auf seinem Weg an die Hand nimmst. So schafft ihr es miteinander.

Die Angst hat dann manchmal vielleicht noch Einfluss darauf, ob dein Magen grummelt oder dein Herz schnell klopft, ob der Kopf deines Kindes sich schreckliche Szenarien ausmalt oder sein Hirn ein großes Schild mit der Aufschrift *„Renn weg!"* hochhält. Aber ihr seid dem nicht mehr ohnmächtig ausgeliefert. Ihr kommt zurück in die Macht, egal ob es um Hunde, Spritzen, gruselige Kellerräume oder eine Erdbebenwarnung in den Radionachrichten geht.

So kann jeder Mensch mit Angst leben. Auch du. Und so kann jedes Kind mit seiner Angst und auch mit der eines Elternteils leben. Auch dein Kind. Die Bewältigungskraft macht den Unterschied:

- *„Kann ich etwas unternehmen?“*
- *„Kann ich für mich sorgen?“*
- *„Kann ich mich sicherer fühlen durch die Begleitung meiner Bezugspersonen und durch meine Kompetenzen?“*

Ja, das kannst du. Du kannst sicher werden und die Angst nur zu deiner sinnvollen Begleiterin machen. Und dein Kind schafft das dank dir auch.

WEITERFÜHRENDE LITERATUR

Um mit Ängsten gut umzugehen, kann es manchmal hilfreich sein, wenn du dich zu dem einen oder anderen Thema noch genauer einliest:

Umgang mit Gefühlen

Baer, Udo/Frick-Baer, Gabriele: „Wie Kinder fühlen“, Beltz, 2021.

Angst und Schüchternheit

Hummel, Inke: „Mein wunderbares schüchternes Kind. Mut machen, Selbstvertrauen stärken, liebevoll begleiten“, humboldt, 2022.

Ängstliche Kinder stärken

Weber-Eisenmann, Barbara: „Kinder liebevoll stärken. Wie du dein Kind dabei unterstützt, selbstbewusst, mutig und innerlich stark zu werden“, humboldt, 2023.

Angst im Grundschulalter

Hummel, Inke: „Miteinander durch die Grundschulzeit. Beziehung stärken und gelassen begleiten. So schafft dein Kind den Schulalltag“, humboldt, 2023.

Hummel, Inke: „Ups, ich komme in die Schule“, humboldt, 2024.

Überfürsorglichkeit

Hummel, Inke: „Nicht zu streng, nicht zu eng. Dein sicherer Weg zwischen Schimpfen und falschem Verwöhnen“, humboldt, 2022.

Mit Kindern über Ängste sprechen

Hummel, Inke: „Ups, ich habe Angst“, humboldt, 2024.

Liussi, Michèle: „Kinderleicht ins Gespräch kommen. 44 spielerische Ideen für starke Eltern-Kind-Kommunikation“, humboldt, 2023.

Virit, Hilal: „Miteinander sprechen, miteinander wachsen. Liebevolle Kommunikation mit deinem Kind“, humboldt, 2022.

Gemeinsam über Ängste und Gefühle sprechen

- Einzigartiges Konzept: Vorlesegeschichte und Elternratgeber in einem Buch
- Kindliche Gefühle ernst nehmen und darüber sprechen – das Buch bietet Hilfestellungen für Eltern und Identifikationsmöglichkeiten für Kinder
- Mit vielen Tipps und Impulsen, damit Eltern und Kind ins Gespräch kommen

Inke Hummel

Ups, ich habe Angst

80 Seiten, illustriert von Verena Potthast
17,0 x 24,0 cm, Hardcover
ISBN 978-3-8426-1738-4
€ 18,00 [D] · € 18,50 [A]

Der Ratgeber ist auch als eBook erhältlich.

Bibliografische Information der Deutschen Nationalbibliothek
Die Deutsche Nationalbibliothek verzeichnet diese Publikation in der deutschen Nationalbibliografie; detaillierte bibliografische Daten sind im Internet über https://dnb.de abrufbar.

ISBN 978-3-8426-1732-2 (Print)
ISBN 978-3-8426-1733-9 (PDF)
ISBN 978-3-8426-1734-6 (EPUB)

Originalausgabe

Die Ratgebermarke der Schlütersche Fachmedien GmbH
Hans-Böckler-Allee 7, 30173 Hannover
www.humboldt.de
www.schluetersche.de

Lektorat: Katharina Spangler, Neumarkt i.d.OPf.
Korrektorat: Miriam Buchmann, Hannover
Covergestaltung: ZERO Werbeagentur, München
Covermotiv: Getty Images/Liliya Krueger
Satz und Grafiken: PER MEDIEN & MARKETING GmbH, Braunschweig
Druck und Bindung: gutenberg beuys feindruckerei GmbH, Langenhagen

Gedruckt mit mineralölfrei hergestellten Druckfarben und Strom aus erneuerbaren Energien. Die eingesetzten Klebe- und Bindestoffe entsprechen den derzeitigen Umweltstandards, die vom RAL Institut für Gütesicherung und Kennzeichnung geprüft wurden. Die Druckplattenentwicklung erfolgte mit reduziertem Einsatz von Chemikalien.

Klimaneutral
Druckprodukt
ClimatePartner.com/10951-2312-1003